工会工作实务操作流程丛书

劳动争议处理流程图示与范例

第2版

本书编写组◎编

LAODONG ZHENGYI
CHULI LIUCHENG TUSHI YU FANLI

中国工人出版社

修订说明

为适应新形势新任务对工会工作提出的新要求，我们组织力量对“工会工作实务操作流程丛书”进行了全面修订。本次修订坚持以习近平新时代中国特色社会主义思想为指导，认真贯彻习近平总书记关于工人阶级和工会工作的重要论述，按照中央党的群团工作会议精神，围绕保持和增强工会工作和工会组织的政治性、先进性、群众性要求，坚持问题导向、实践导向、需求导向。

本丛书修订的重点和焦点问题有：一是根据党的十九大精神和中国工会十七大精神调整了工会工作的一些表述；二是根据新时代工会工作的内容和工会改革的任务，增补了主要相关内容；三是依据《中国工会章程》《工会基层组织选举工作条例》《基层工会会员代表大会条例》《全国模范职工之家、全国模范职工小家、全国优秀工会工作者评选表彰管理办法》《中华全国总工会关于加强专职集体协商指导员队伍建设的意见》等最新文件精神对内容进行了相应调整。

本丛书由赵振洲、胡昌平组织实施，在丛书修订过程中得到了中华全国总工会相关部门的大力支持，在此谨致诚挚的谢意。

由于编者水平有限，本书难免存在不足和疏漏之处，敬请广大工会工作者和读者朋友们批评指正。

编 者

2021年1月

目录
CONTENTS

劳动争议处理总流程 …………………………………… 001
劳动争议协商流程 ……………………………………… 007
劳动争议调解流程 ……………………………………… 016
劳动争议仲裁流程 ……………………………………… 031
劳动争议诉讼流程 ……………………………………… 077

附　录

中华人民共和国劳动争议调解仲裁法 ……………… 095
中华人民共和国民事诉讼法（摘录） ……………… 107
企业劳动争议协商调解规定 ………………………… 121
最高人民法院最高人民法院关于审理劳动争议案件
　适用法律若干问题的解释（一） ………………… 129
最高人民法院关于审理劳动争议案件适用法律
　若干问题的解释（二） …………………………… 135
最高人民法院关于审理劳动争议案件适用法律
　若干问题的解释（三） …………………………… 140
最高人民法院关于审理劳动争议案件适用法律
　若干问题的解释（四） …………………………… 145
工会参与劳动争议处理试行办法 …………………… 150

劳动争议处理总流程

图示

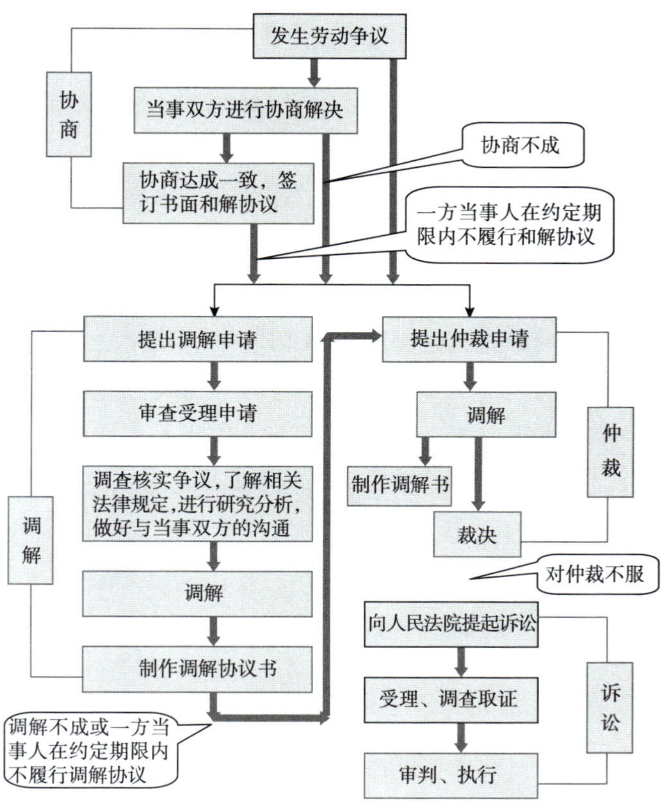

图示解说

劳动争议处理程序包括协商、调解、仲裁与诉讼四种方式，与一般民事合同纠纷的处理程序有一定的相似性，但也存在一些特殊性，如调解与仲裁过程中坚持三方原则、诉讼以仲裁为前置程序等，这是由劳动争议的特殊性决定的。一些用人单位劳动关系纷繁复杂，劳动争议时有发生，如果将这些争议全部付诸劳动争议处理机构来处理，这些机构将会不堪重负，对于争议当事人来说也是极不划算的。在这种情况下，可以鼓励劳动争议当事人灵活选择多种纠纷解决方式，从而使双方的合法权益得到及时、有效的保护。

1. 协商

劳动争议协商是我国劳动争议处理制度中双方自主解决劳动争议的方式，也是解决劳动争议的程序之一。在这种程序下，劳动争议双方当事人本着平等、合作的原则，自主协商，平等交流，在互谅互让的基础上达成协议，以达到争议解决的目的。劳动争议协商制度能及时化解矛盾，维护劳动关系的稳定，保护劳动者的合法权益，降低处理争议的成本。它是我国一直倡导的解决劳动争议的方式，也是解决劳动争议的一个不容忽视的重要环节。

2. 调解

劳动争议调解是劳动争议发生之后，当事人双方自愿以书面或口头形式向调解组织申请调解，调解组织接到调解申请后，以国家的劳动法律、法规为准绳，以自愿协商的方式，使双方当事人达成协议，从而使劳动争议得以解决。企业劳动争议调解委员会是企业内职工代表和企业代表就协商调处劳动争议事项所成立的调解组织，是我国处理劳动争议的基本形式（职工代表由工会成员担任或者由全体职工推举产生，企业代表由企业负责人指定）。企业劳动争议调解委员会实施调解既不属于司法范畴的基层政权组织设立的调解机构（人民调解组织）的调解，也不同于企业主管机关所进行的行政调解，同时与劳动争议仲裁程序和诉讼程序中的调解也有所不同。近年来，随着社会主义市场经济的发展，劳动合同纠纷时常出现，调解以其温和、便捷、高效等优势而被广泛地运用于劳动争议的解决中，这对于构建和谐劳动关系、构建和谐社会来说，有着非常重要的意义。

3. 仲裁

劳动争议仲裁是劳动争议仲裁机构对当事人请求解决的劳动争议，依法居中公断的准司法行为，包括对劳动争议依法审理并进行调解、裁决的一系列活动。在我国的劳动争议处理体制中，它作为诉讼前的法定必经程序，是处理劳动争议的主要方式。也就是说，劳动争议发生后，如果当事人不愿选择协商和调解，或者虽然选择了但最终没有成功，争议仍然存在，这时争议当事人已经别无选择，要解决争议就必须走劳动争议仲裁这条路。只有经过仲裁之后，对仲裁结果不服才可提起诉讼，不能直接提起诉讼。需要注意的是，如果属于拖欠劳动报酬类的劳动争议，劳动者一方可将所持有的用人单位工资欠条作为证据，直接向人民法院起诉，无须经过仲裁程序。

4. 诉讼

劳动争议诉讼是人民法院依法对劳动争议案件进行审理和裁判的司法活动，包括劳动争议案件的起诉、受理、调查取证、审判和执行等一系列诉讼程序。它是司法最终解决劳动争议原则在劳动争议处理中的具体体现，是劳动争议当事人不服仲裁裁决寻求司法援助，从而保护其合法权益的法律制度。因为劳动争议当事人对人民法院的信赖感，使得这种争议处理程序与其他处理程序相比更容易被当事人接受。劳动争议诉讼程序是法律赋予当事人解决劳动争议的最后的救济手段，也是一个重要的手段。

注意事项

1. 处理劳动争议的机构

根据《劳动争议调解仲裁法》规定，我国目前处理劳动争议的机构有：劳动争议调解组织、地方劳动争议仲裁组织和人民法院。劳动争议调解组织包括企业劳动争议调解组织、依法设立的基层人民调解组织和在乡镇、街道设立的具有劳动争议调解职能的组织，其中企业劳动争议调解组织是负责调解本企业内部劳动争议的群众性组织，调解组织由职工代表、企业代表组成。市、市辖区、县设立仲裁组织，负责本行政区域内的劳动争议。仲裁组织是处理劳动争议的专门机构。人民法院是国家的审判机关，也负担着处理劳动争议的任务。劳动争议当事人对仲裁组织的裁决不服、进行起诉的案件，由人民法院予以受理。

2. 处理劳动争议的依据

处理劳动争议的程序相对于处理其他案件的程序，有其特殊性。目前我国处理劳动争议的程序的主要法律依据是《劳动争议调解仲裁法》及《民事诉讼法》。由于劳动关系的内容比较广泛，包括工资、社会保险、福利、培训、劳动条件等，所以处理劳动争议适用的规范性法律文件也很广泛，主要有《劳动法》《劳动合同法》《劳动合同法实施条例》《外商投资企业劳动管理规定》《私营企业劳动管理暂行规定》《乡村集体所有制企业条例》及《违反和解除劳动合同的经济补偿办法》《违反〈劳动法〉有关劳动合同规定的赔偿办法》等。

3. 劳动争议中当事人享有的权利

双方当事人有请求和解的权利；双方当事人有委托代理人的权利；双方当事人有请求仲裁员回避的权利；当事人不服劳动争议仲裁组织裁决的，在规定的时效内有向人民法院起诉的权利；当事人对已发生法律效力的仲裁调解书和仲裁裁决书有申请人民法院强制执行的权利。

4. 劳动争议中当事人应履行的义务

当事人有遵守仲裁、诉讼程序和仲裁庭、法庭纪律的义务；当事人有如实陈述案情，实事求是提供证据的义务；当事人有自觉履行已生效的判决、裁定、裁决或调解书的义务。

劳动争议协商流程

图示

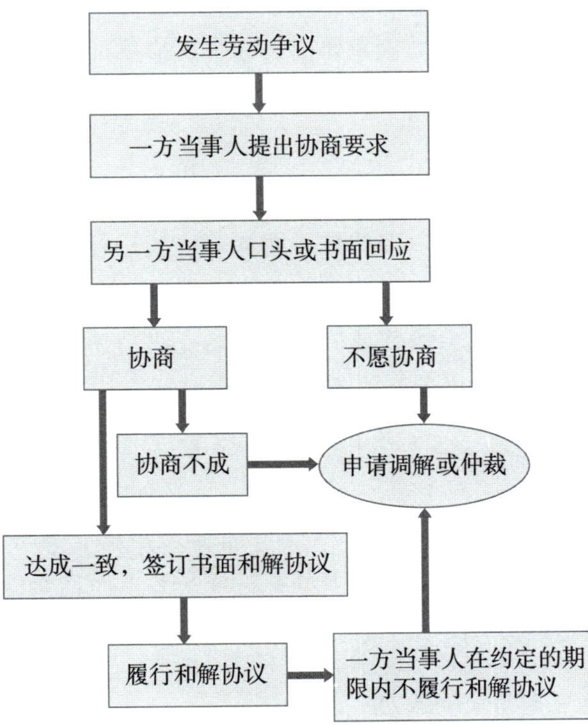

发生劳动争议
一方当事人提出协商要求
另一方当事人口头或书面回应
协商
不愿协商
协商不成
申请调解或仲裁
达成一致，签订书面和解协议
履行和解协议
一方当事人在约定的期限内不履行和解协议

图示解说

1. 协商的提出

发生劳动争议，一方当事人可以向另一方当事人提出协商要求，劳动者也可以要求所在企业工会参与或协助其向企业提出协商要求，工会组织也可以主动帮助劳动者提出协商要求。另一方当事人应积极回应协商要求，在5日内作出口头或者书面回应，如果5日内不作出回应，视为不愿协商。如果双方同意协商，当事人应书面约定协商的期限。

2. 协商的方式

双方当事人可以以约见、面谈等方式进行协商。劳动者可以委托其他组织或者个人作为其代表进行协商，可以要求所在企业工会参与或协助其与企业进行协商。工会组织应积极参与，维护劳动者合法权益。

3. 协商的结果

协商达成一致后，应当签订书面和解协议。协商不成，或在双方约定的协商期限内没有达成一致，而且双方不再书面约定延长协商期限的，可以申请调解或仲裁。

4. 和解协议的效力

和解协议对双方当事人具有约束力，当事人应当履行。双方签订的和解协议应经仲裁庭审查，和解协议程序和内容合法有效的，仲裁庭可以将其作为仲裁证据使用。

5. 和解协议的履行

当事双方应认真履行和解协议，工会组织应积极协调，推动双方履行和解协议。如果一方当事人在约定的期限内没有履行和解协议，另一方当事人可以申请调解或仲裁。

注意事项

1. 遵循协商的基本原则

劳动争议的当事人通过协商的方式解决劳动争议应当根据事实，遵循平等、自愿、合法、公正、及时的原则。

2. 工会应积极参与劳动争议协商

劳动争议协商是指劳动争议双方当事人共同进行商谈并达成和解协议，以解决争议的行为。协商是解决劳动争议的法定方式之一，对及时处理纠纷、缓解矛盾有积极的作用，也是工会参与劳动争议处理的重要环节。全国总工会颁布的《工会参与劳动争议处理试行办法》规定："发生劳动争议，工会可以接受职工及用人单位请求参与协商，促进争议解决。""工会发现劳动争议，应当主动参与协商，及时化解矛盾。"协商是处理劳动争议的简易程序，也是及时解决劳动争议的有效方法之一，对于稳定和协调劳动关系有着积极作用。双方当事人可以自愿协商，提倡协商解决争议。劳动争议双方当事人经协商达成和解协议的，工会应当督促其自觉履行。不愿协商或者协商不成的，工会可以告知当事人依法申请调解或仲裁。

3. 协商不是解决劳动争议的必经程序

所谓协商，是指劳动争议发生后，当事人就争议事项进行商量，协调双方的关系，消除矛盾，解决争议。劳动争议为人民内部矛盾，可以也应当协商解决，但协商不是解决劳动争议的必经程序，只是国家对当事人自行协商解决劳动争议这种方式予以法律上的认可。不愿协商或者协商不成的，当事人有权申请调解或者仲裁。

4. 协商和解具有一定法律效力

当事人双方协商达成一致，应当签订书面和解协议。和解协议对双方当事人具有约束力，当事人应当履行。双方签订的和解协议经仲裁庭审查，和解协议程序和内容合法有效的，仲裁庭可以将其作为仲裁证据使用。但是，当事人为达成和解的目的作出的妥协所涉及的对争议事实的认可，不得在其后的仲裁中作为对其不利的证据。

范例

劳动争议和解协议书

甲方：（注明名称、地址、法定代表人等）

乙方：（注明姓名、性别、民族、出生日期、住址等）

上列双方因××××引起争议，现经甲乙双方协商，自愿达成协议如下：

一、甲方××××××××××××××××××（要规定履约期限）。

二、乙方××××××××××××××××××（要规定履约期限）。

三、在甲方依本协议约定支付全部款项后，甲、乙双方的所有争议即告终结，乙方不得再以任何理由和任何方式向甲方主张权利，否则乙方应无条件返还甲方已支付的全部款项，且不得以本协议作为其主张权利的依据。

四、本协议自甲、乙双方签字或盖章后生效；本协议一式两份，甲、乙双方各执一份，具有同等法律效力。

甲方：××公司　　　　　　　　乙方（签字）：

法定代表人或委托代理人：

年　月　日　　　　　　　　　　年　月　日

典型案例

王某于2015年3月1日入职某工厂，2015年6月1日签订为期两年的劳动合同。2016年8月1日王某的劳动关系转移至某劳务派遣公司，签订的劳动合同期限至2018年7月31日。2018年7月1日，用工单位某工厂通知劳务派遣公司，王某派遣到该厂的合同期限届满后将退回给劳务派遣公司。劳务派遣公司遂通知王某，2018年7月31日合同到期后将与其终止劳动合同，不再续签，请王某于2018年7月28日办理离职手续。王某提出其入职至今没有获得任何加班补贴，认为用工单位某工厂及劳务派遣公司违反《中华人民共和国劳动法》，于是向用工单位某工厂及劳务派遣公司提出劳动争议协商要求。要求：一、用工单位某工厂支付其2015—2017年加班费累计9905元（延长工作时间、休息日、法定休假日），劳务派遣公司承担连带责任；二、要求劳务派遣公司及用工单位某工厂支付其2015年6月至2018年7月共38个月工龄补贴4560元；三、劳务派遣公司没有提前一个月提出解除劳动合同，支付代通知金1680元；四、某工厂在其与工厂已经签订劳动合同且对劳务派遣不清楚的情况下，将其劳动关系转至某劳务派遣公司，明显不妥，要求给予经济补偿。对此，某工厂认为劳动合同中明确约定双方执行不定时工作制，因此不须向王某支付加班工资。

经双方核实，用工单位某工厂并没有申请到不定工时工作制的批文。根据《中华人民共和国劳动法》第三十九条规定："企业因生产特点不能实行本法第三十六条、第三十八条规定的，经劳动行政部门批准，可以实行其他工作和休息办法。"可见，用工单位实行不定时工作制必须经劳动行政部门批准，用人单位仅在劳动合同中约定执行不定时工作制，该约定对于劳动关系双方不具有法律约束力。加之，某工厂在与王某签订劳动合同的情况下，将其劳动关系转至劳务派遣公司，明显不妥，经双方协商，工厂同意给予补偿 18000 元。

劳动争议调解案例

张某 2018 年 3 月 6 日受雇于某餐馆（建立劳务关系）。2018 年 7 月 18 日，张某在工作时不慎烫伤被送至医院治疗，7 月 31 日伤愈出院。其后张某及其家人多次要求餐馆对张某进行工伤鉴定并赔偿相关损失，但餐馆就此问题采取回避态度，未作回应。张某夫妻对餐馆十分不满，张某通过查找相关法律知识后得知，工伤损害赔偿款包含医疗费、误工费、伤残赔偿金等多项赔偿项目。而餐馆在事故发生后，只是按时给张某发放工资和支付医疗费用，张某夫妇认为餐馆没有承担相应责任。为此张某在向餐馆提出辞职申请的同时，也提出由餐馆支付其工伤损害赔偿款及经济补偿金 30 万元的诉求。餐馆认为张某的赔偿要求过高，未予理睬，导致张某与餐馆矛盾纠纷升级。2018 年 9 月 22 日，张某、餐馆双方到某县某镇调解组织（以下简称调委会）提出申请，要求对双方的纠纷进行调解。

调解过程

经过调委会工作人员的调查，了解到张某的诉求主要集中在三点：一是要求餐馆支付误工费。张某受伤后一段时间不能正常上班，餐馆需要承担为此产生的误工费。二是要求餐馆给张某申请工伤鉴定，根据鉴定结果，依照法律规定给予伤残赔偿。三是要求解除与餐馆的劳动关系，并由餐馆支付经济补偿金。

调解员经过分析提出三点意见：一是误工费的主张不应支持，虽然张某因受伤未能上班，但餐馆仍然按时支付了劳动报酬，并未因其休病假而扣发工资。二是申请工伤鉴定的主张可以得到支持，虽然餐馆与张某签订的是劳务合同，但张某在工作中受伤，适用未参加工伤保险期间用人单位职工发生工伤的，由该用工单位按照《工伤保险条例》规定的工伤保险待遇项目和标准支付费用。三是要求解除与餐馆的劳动关系后，餐馆支付经济补偿金事宜，按《劳动法》规定，主动辞职的情形，不属于用工单位支付经济补偿金的类型，但如果有特殊情况，也可以与用工单位进行协商。

针对张某的诉求，调解员先后三次组织张某及餐馆进行调解，并多次上门向张某宣传政策法规。第一次调解主要围绕张某的诉求进行，因张某坚持要求餐馆补偿30万元人民币，调解未成。第二次调解主要围绕张某工伤鉴定的主张开展，经调解员与餐馆方进行沟通解释，餐馆同意给张某申请工伤鉴定，但由于张某伤势较轻，较难评定伤残等级，且较为耗时耗力，张某愿意由餐馆直接支付补偿款，但因要求补偿的金额仍然较高，双方未能达成一致。

两次调解不成，调解员请律师向张某讲解《劳动法》《工伤保险条例》等法律法规，让张某逐渐降低了赔偿的心理预期，又因此前张某与餐馆部门负责人的矛盾，为防止纠纷升级，双方均有意愿达成调解意见和解除劳动（劳务）合同，为第三次调解奠定了基础。

2018 年 9 月 30 日，调委会又一次将双方约在一起，组织第三次调解。这次大家情绪都有所缓和，愿意坐下来进行沟通协商，加之通过前两次调解以及律师的解释答疑，张某了解了所涉及的法律法规及利害关系，最后在调解员的努力下，双方达成一致意见。

调解结果

双方签订调解协议：自 2018 年 9 月 30 日起，餐馆提前解除同张某的劳务关系。张某放弃申请工伤鉴定的权利，餐馆一次性支付给张某各类经济补偿金 5 万元整，张某不再以任何理由和任何形式主张权利，补偿金自协议签订之日起 3 日内履行到位。

劳动争议调解流程

图示

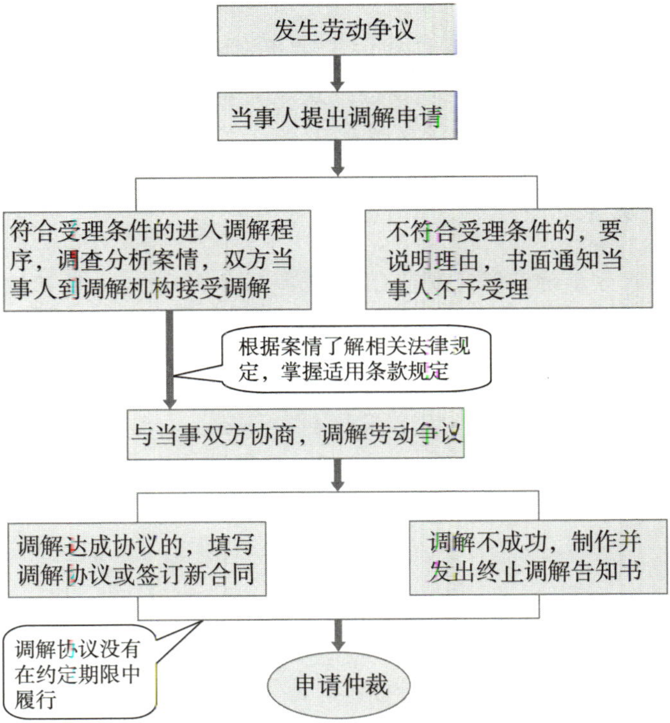

发生劳动争议
当事人提出调解申请
符合受理条件的进入调解程序，调查分析案情，双方当事人到调解机构接受调解
不符合受理条件的，要说明理由，书面通知当事人不予受理
根据案情了解相关法律规定，掌握适用条款规定
与当事双方协商，调解劳动争议
调解达成协议的，填写调解协议或签订新合同
调解不成功，制作并发出终止调解告知书
调解协议没有在约定期限中履行
申请仲裁

图示解说

1. 申请与受理

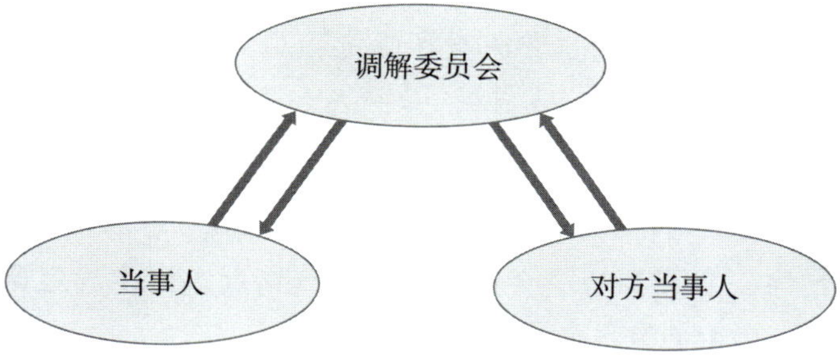

劳动争议发生后，当事人不愿协商或者协商不成并自愿选择调解的，应及时申请。企业劳动争议调解组织的调解不是必经程序，只有在争议的双方当事人都同意由企业劳动争议调解组织调解时，调解组织才可以主持调解。调解组织接到调解申请后，应对调解申请书进行审查，看其是否符合受理条件和范围。经审查属于劳动争议受理范围的，应征询对方当事人的意见，对方当事人愿意调解的，应当在3个工作日内受理，并将调解的地点、要求等以口头或书面形式通知双方当事人；对不属于劳动争议受理范围或者一方当事人不同意调解的，应当做好记录，并书面通知申请人。

2. 调查核实

调解组织对决定受理的案件，应及时指派调解员对争议事项进行全面调查核实，调查应做笔录，并由调查人签名或盖章。调查工作一般包括：

（1）弄清争议的基本事实，即劳动争议产生的原因、发展过程、争议的焦点等。

（2）了解与争议有关的劳动法律法规及劳动合同的规定，为判断争议的是非曲直和确定当事人的责任提供准确的法律依据。

（3）对调查得到的材料进行综合分析，判明是非，分析双方各自应承担的责任，拟定调解方案和调解意见。

（4）召开调解员会议，通报调查情况，讨论确定调解方案，确定调解意见。

（5）指定两名调解组织成员与劳动争议当事人谈话，宣传有关劳动法律法规，对当事人做耐心细致的思想工作，为调解奠定一个良好的思想基础。掌握与争议问题有关的劳动法律法规的规定和劳动合同的约定，客观公正地分清双方当事人应承担的责任，拟定调解方案和调解意见。

3. 调解

调解组织根据案件情况指定调解员或者调解小组进行调解，在征得当事人同意后，也可以邀请有关单位和个人协助调解。调解员应当全面听取双方当事人的陈述，采取灵活多样的方式方法，开展耐心、细致的说服疏导工作，帮助当事人自愿达成调解协议。调解组织调解劳动争议，应当自受理调解申请之日起15日内结束。但是，双方当事人同意延期的可以延长。通常情况下，调解会议的程序是：

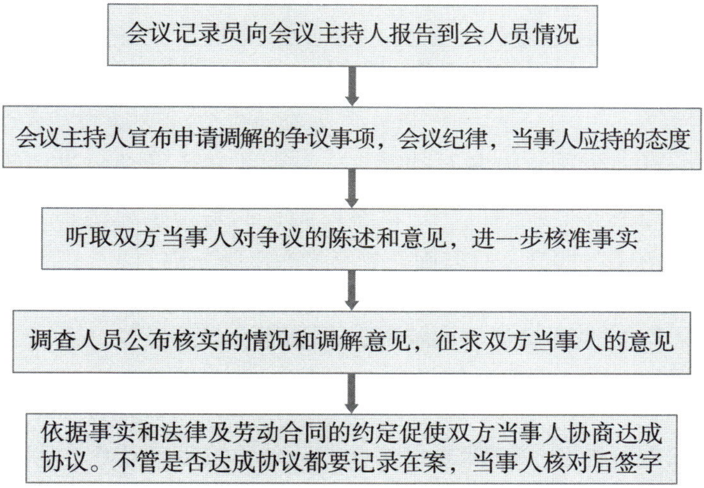

4. 制作调解协议书或调解意见书

经调解达成调解协议的，由调解组织制作调解协议书，调解协议书应当写明双方当事人基本情况、调解请求事项、调解的结果和协议履行期限、履行方式等。调解协议书由双方当事人签名或者盖章，经调解员签名并加盖调解组织印章后生效。调解协议书一式三份，双方当事人和调解组织各执一份。生效的调解协议对双方当事人具有约束力，当事人应当履行。当事人不愿调解、调解不成或者达成调解协议后，一方当事人在约定的期限内不履行调解协议的，调解组织应当做好记录，由双方当事人签名或者盖章，并书面告知当事人可以向仲裁组织申请仲裁。

注意事项

1. 调解的基本原则

劳动争议的当事人通过协商的方式解决劳动争议应当遵循以下五个原则：一是自愿原则；二是公正原则；三是合法原则；四是及时原则；五是教育说服原则。

2. 企业劳动争议调解组织的组成

《企业劳动争议调解委员会组织及工作规则》与《劳动争议调解仲裁法》都规定，企业劳动争议调解组织由职工代表和企业代表组成。职工代表由工会成员担任或者由全体职工推举产生，企业代表由企业负责人指定。调解组织主任由工会成员或者双方推举的人员担任。

3. 工会参与劳动争议调解

《工会参与劳动争议处理试行办法》第十一条规定："工会应当督促、帮助用人单位依法建立劳动争议调解委员会。"除此之外，工会成员还可以作为企业劳动争议调解组织的职工代表及调解组织主任，参与到企业劳动争议调解当中。

4. 制作劳动争议调解协议书

劳动争议调解协议书是劳动争议的双方当事人在企业劳动争议调解委员会的主持下，就解决争议的有关事项达成了一致意见，并经双方签名、盖章后形成的法律文书。制作劳动争议调解协议书应当注意的问题是：

（1）调解是在企业劳动争议调解组织的主持下进行的，因此，该法律文书的主体是争议的双方当事人和企业劳动争议调解组织，调解协议书上必须有三方的签名盖章，确认后方为有效。

（2）生效的调解协议对双方当事人具有约束力，双方当事人达成调解协议后，应当自觉履行协议书中规定的内容，企业调解组织也应当督促当事人双方履行协议。达成调解协议后，一方当事人在协议约定期限内不履行调解协议的，另一方当事人可以依法申请仲裁。

（3）因支付拖欠劳动报酬、工伤医疗费、经济补偿或者赔偿金事项达成调解协议，用人单位在协议约定期限内不履行的，劳动者可以持调解协议书依法向人民法院申请支付令。人民法院应当依法发出支付令。

（4）自劳动争议调解委员会收到调解申请之日起 15 日内未达成调解协议的，当事人可以依法申请仲裁。

5. 正确理解劳动争议调解协议书的法律效力

调解协议书由双方当事人签名或者盖章，经调解员签名并加盖调解组织印章后生效，对双方当事人具有约束力，当事人应当履行。但是调解协议不具有直接的法律执行力，只有法律明确规定的部分达成调解协议的争议事项可以申请人民法院发出支付令。那么调解协议的“约束力”是一个什么样的效力？调解协议是双方在自愿的基础上达成的，是双方意思表示一致的结果，相当于合同，应当具有合同的效力，但它又是在调解组织参与下达成的，因此，调解协议不同于一般的民事合同。调解是当事人自愿选择解决劳动争议的一种形式，调解协议是双方自愿达成的，调解协议能否得到双方的自觉履行，主要看调解协议的内容是否是双方真实意思的反映，如果调解协议反映了双方的真实意思和利益，协议内容公平合理，绝大多数情况下，协议是会得到履行的。当事人应当按照约定履行自己的义务，不得擅自变更或者解除调解协议。也就是说调解协议具有劳动合同的性质，是劳动争议仲裁组织或者人民法院裁决劳动争议案件的重要证据。如果没有其他证据证明调解协议无效或者是可撤销的，调解协议则可以作为仲裁组织裁决和人民法院裁判的依据。

6. 调解劳动争议的方法、技巧和步骤

（1）细心调查，找准原因，坚持疏导，消除误解。深入调查是调解成功的前提，没有调查就没有发言权。调解工作也是一样，不能单听一方诉说，只有深入调查，掌握翔实的第一手材料后，才能在调解时有理有据，避免说话授人以柄，处于被动局面。

（2）区分不同个性的心理，制定相应调解策略。不同案件的当事人，因文化素质和认知程度不一样，往往对问题有着不同的观点和见解。对此，在调解过程中，应学会掌握当事人心理活动的本领，根据案件的性质、难易程度和当事人的文化素养、脾气性格等确定调解方案，制定调

解策略。如对脾气暴躁、容易冲动的案件当事人，就用温和态度平息当事人心中的怒火。又如在劳动报酬纠纷中结合相关法律法规，并结合企业里合法的规章制度，站在职工和企业两方面角度考虑，找准调解切入点。

（3）抓住主要矛盾，找准关键环节，借力促成调解。在各种类型的民间纠纷中，群体性纠纷因其矛盾大，涉及的人数多，已成为影响社会安定的因素之一。群体性纠纷通常是由一个问题引发，多个矛盾掺杂的综合反映。因此，对于这种纠纷应进行综合分析，从多个矛盾中找出主要矛盾，找准关键环节。在调解过程中，确定对案情有重大影响的关键人物，借其力促成案件的调解，以解决纷争。

（4）依法、公平、公正是调解成功的保证。

范例

劳动争议调解申请书

申请人				被申请人			
姓名或单位名称				姓名或单位名称			
单位性质				单位性质			
法定代表人或主要负责人姓名		性别		法定代表人或主要负责人姓名		性别	
		年龄				年龄	
身份证号		职务		身份证号		职务	
工作单位				工作单位			
住所或经营地址				住所或经营地址			
联系电话		邮编		联系电话		邮编	
代理人姓名		性别		代理人姓名		性别	
身份证号		年龄		身份证号		年龄	
工作单位		职务		工作单位		职务	
联系电话		邮编		联系电话		邮编	
地址				地址			
申请调解的事项	（申请调解的事项是指申诉要达到的目的和要求，申请人应具体写明）						
事实和理由	（申请人应当说明争议的基本事实和主要调解请求及理由，包括申请人与被申请人之间何时建立劳动关系、劳动合同履行情况，争议发生时间、争议内容、请求事项的法律依据，以及证据、证据来源、证人姓名和住址）						

此致

________劳动争议调解组织

申请人：________（本人签名或盖章）

年　月　日

填 写 说 明

(1) 本申请书样本是根据《中华人民共和国劳动争议调解仲裁法》有关规定而制作，供申请人使用。

(2) 申请书应用钢笔、毛笔书写或打印。由正本和副本组成，副本份数应根据被申请人人数提交，由劳动争议调解组织送达被申请人。

(3) 事实和理由部分空格不够用时，可用同样大小纸续页。

(4) 调解组织应在接到《劳动争议调解申请书》3日内作出受理或不受理的决定，对不予受理的应向申请人说明理由。在15日内未达成协议的视为调解不成，当事人任何一方都可以向劳动争议仲裁组织申请仲裁。

劳动争议调解通知书

NO：

____________职工：

你于____年____月____日送来的劳动争议调解申请书已收悉，经公司劳动争议调解组织研究，决定受理。

请你务必于____年____月____日（星期____）________时，来公司劳动争议调解组织（工会）办公室，参加由____________、________主持的调解会议。

你请求的回避人员，已经避让。请你实事求是地申诉、举证，合理维护你的合法劳动权益和保障公司的正常生产秩序。

××公司

劳动争议调解组织（印章）

年　　月　　日

调解组织主任：____________

劳动争议调解协议书

<table>
<tr><th colspan="4">申请人</th><th colspan="4">被申请人</th></tr>
<tr><td>姓　　名
或单位名称</td><td colspan="3"></td><td>姓　　名
或单位名称</td><td colspan="3"></td></tr>
<tr><td rowspan="2">法定代表人或主要负责人姓名</td><td></td><td>性别</td><td></td><td rowspan="2">法定代表人或主要负责人姓名</td><td></td><td>性别</td><td></td></tr>
<tr><td></td><td>年龄</td><td></td><td></td><td>年龄</td><td></td></tr>
<tr><td>身份证号</td><td></td><td>职务</td><td></td><td>身份证号</td><td></td><td>职务</td><td></td></tr>
<tr><td>工作单位</td><td colspan="3"></td><td>工作单位</td><td colspan="3"></td></tr>
<tr><td>住所或经营地址</td><td colspan="3"></td><td>住所或经营地址</td><td colspan="3"></td></tr>
<tr><td>联系电话</td><td></td><td>邮编</td><td></td><td>联系电话</td><td></td><td>邮编</td><td></td></tr>
<tr><td>代理人姓名</td><td></td><td>性别</td><td></td><td>代理人姓名</td><td></td><td>性别</td><td></td></tr>
<tr><td>身份证号</td><td></td><td>年龄</td><td></td><td>身份证号</td><td></td><td>年龄</td><td></td></tr>
<tr><td>工作单位</td><td></td><td>职务</td><td></td><td>工作单位</td><td></td><td>职务</td><td></td></tr>
<tr><td>联系电话</td><td></td><td>邮编</td><td></td><td>联系电话</td><td></td><td>邮编</td><td></td></tr>
<tr><td>争议事项</td><td colspan="7">应当明确双方各自的主张及理由</td></tr>
<tr><td>调解内容</td><td colspan="7">在本调解组织的主持下，当事人双方平等自愿、协商一致，依法达成如下解决纠纷之协议：
1. ……
2. ……
……
依据《劳动法》《劳动合同法》《劳动争议调解仲裁法》之规定，当事人双方应当依法自觉履行本调解协议，如果一方当事人在协议约定期限内不履行本调解协议的，另一方当事人可依法申请仲裁。</td></tr>
</table>

申请人：（签名或盖章）　　　　　　被申请人：（签名或盖章）

调解员：（签名）

________劳动争议调解组织（盖章）

年　月　日

填写说明

（1）本调解协议书样本是根据《中华人民共和国劳动争议调解仲裁法》有关规定而制作，适用于调解成功的案件，由劳动争议调解组织制作。

（2）调解协议书应由双方当事人签名或者盖章，劳动者一方要由其本人或者特别授权委托人签名，用人单位一方要由具体承办人员签名并加盖公章。调解协议书经调解员签名并加盖调解组织印章后生效，对双方当事人具有约束力，当事人应当自觉履行。

（3）本调解协议书一式三份（争议双方当事人、调解组织各一份），应及时送达当事人，并告知当事人在协议约定期限内不履行调解协议的，另一方当事人可以依法向当地劳动争议仲裁组织申请仲裁。

劳动争议调解协议表

NO：

单位名称	法人代表	职工姓名	职称/职务
××公司	×××		
争议事项：			
调解结果： 当事人（签名）______　调解组织主任：______ 年　月　日　　　年　月　日			

××公司劳动争议调解组织（印章）

典型案例

2019年1月，某公司员工李某因休工伤假期间工资待遇问题，向公司劳动争议调解组织申请调解，要求按工伤待遇补发少开的工资。

经调解组织调查了解，在2017年12月的一场大雪后，李某在工作中因行走不慎滑倒，造成胳膊骨折，并住院治疗。2018年8月，经市劳动保障部门认定为九级工伤。在李某休工伤假期间，公司进行了员工岗位调整，李某被列为待岗人员，同时按待岗给予相关待遇。实际工资按原岗位70%支付，奖金停发，其他工资性补贴照发。

这是一起因工伤休假期间的工资问题引发的劳动争议，核心问题是用人单位没有按照《工伤保险条例》规定的标准支付职工停工留薪期间的工资。本案中，某公司在职工李某停工留薪期间，违反《工伤保险条例》的规定，调整李某为待岗职工，未按照原标准待遇支付李某的工资，侵犯了李某的合法权益。

职工李某工伤期间有6个月的工资是按待岗工资发放的，与停工留薪、休工伤假的工资标准每月相差900元。对此争议，该公司劳动争议调解组织进行了调解，公司相关部门也认识到了工作的疏忽之处。经调解，公司同意按停工留薪的工资标准给李某补发计5400元。职工李某对此表示满意，并对劳动争议调解组织表示感谢。

劳动争议仲裁流程

图示

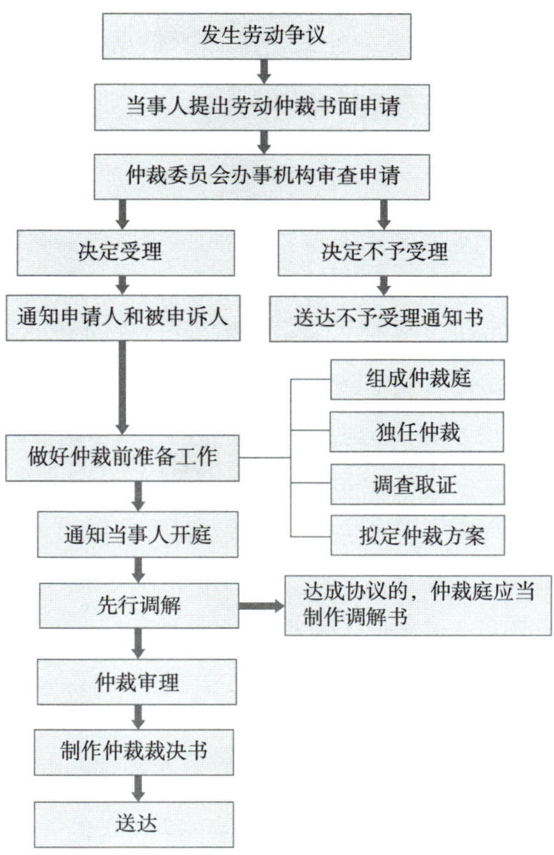
发生劳动争议
当事人提出劳动仲裁书面申请
仲裁委员会办事机构审查申请
决定受理
决定不予受理
通知申请人和被申诉人
送达不予受理通知书
组成仲裁庭
独任仲裁
做好仲裁前准备工作
调查取证
拟定仲裁方案
通知当事人开庭
先行调解
达成协议的，仲裁庭应当制作调解书
仲裁审理
制作仲裁裁决书
送达

图示解说

1. 当事人申请

当事人申请是劳动争议仲裁委员会处理劳动争议案件的先决条件和必经程序。仲裁组织处理劳动争议案件必须有当事人的申请，否则，仲裁组织无权仲裁该案件。申请书应当写明：劳动者的姓名、性别、年龄、职业、工作单位和住所，用人单位的名称、住所和法定代表人或者主要负责人的姓名、职务；仲裁请求和所根据的事实、理由；证据和证据来源、证人姓名和住所。

2. 审查受理

仲裁组织对符合下列条件的仲裁申请应当予以受理，并在收到仲裁申请之日起5日内向申请人出具受理通知书：属于法律规定的争议范围；有明确的仲裁请求和事实理由；在申请仲裁的法定时效期间内；属于仲裁组织管辖范围。仲裁组织受理仲裁申请后，应当在5日内将仲裁申请书副本送达被申请人。被申请人收到仲裁申请书副本后，应当在10日内向仲裁组织提交答辩书。对于不符合受理条件的，仲裁组织应当在收到仲裁申请之日起5日内向申请人出具不予受理通知书或者告知申请人向有管辖权的仲裁组织申请仲裁。

3. 仲裁前的准备

（1）组成仲裁庭。仲裁组织应当在受理仲裁申请之日起5日内组成仲裁庭并将仲裁庭的组成情况书面通知当事人。仲裁庭由三名仲裁员组成，设首席仲裁员。简单的劳动争议案件可以由一名仲裁员独任仲裁。

（2）具有法定回避情形的仲裁员应当回避，当事人也有权以口头或者书面方式提出回避申请。劳动争议仲裁组织对回避申请应当及时作出决定，并以口头或者书面方式通知当事人。

4. 通知当事人开庭

劳动争议仲裁委员会应当在受理仲裁申请之日起5日内将仲裁庭的组成情况书面通知当事人。当事人收到书面通知后，无正当理由拒不到庭或者未经仲裁庭同意中途退庭的，对申请人按撤诉处理，对被诉人作缺席裁决。当事人有正当理由的，可以在开庭3日前请求延期开庭。是否延期，由劳动争议仲裁组织决定。

5. 仲裁审理

仲裁庭开庭裁决劳动争议案件按照以下程序进行：

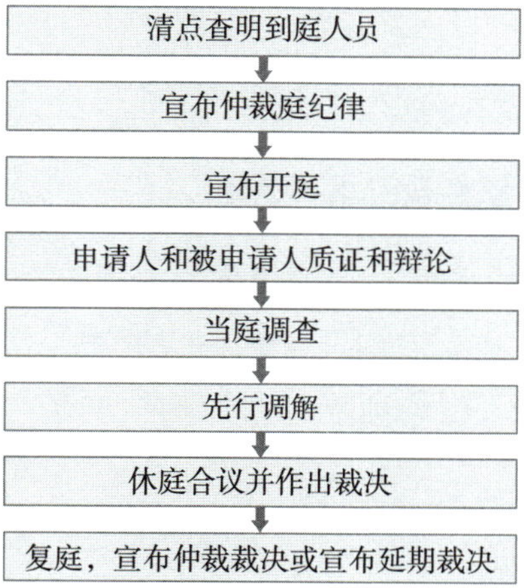

由书记员查明双方当事人、代理人及有关人员是否到庭，宣布仲裁庭纪律；首席仲裁员宣布开庭，宣布仲裁员、书记员名单，询问当事人是否申请回避并宣布案由。听取申请人及被申请人的答辩。仲裁员以询问方式，对需要进一步了解的问题进行当庭调查，并征询双方当事人的最后意见。仲裁庭在作出裁决前，应当先行调解；调解达成协议的，仲裁庭应当制作调解书。调解不成或者调解书送达前一方当事人反悔的，及时休庭合议并作出裁决。仲裁庭复庭，宣布仲裁裁决。对案情复杂需要延期的，经劳动争议仲裁组织主任批准，可以延期并书面通知当事人。

6. 制作仲裁裁决书

仲裁庭作出仲裁裁决后，应当制作仲裁裁决书。仲裁裁决书由仲裁员签名，加盖仲裁组织印章。对裁决持不同意见的仲裁员，可以签名，也可以不签名。仲裁庭裁决劳动争议案件，应当自受理仲裁申请之日起 45 日内结束。案情复杂需要延期的，可以延期，但延长期限不得超过 15 日。

注意事项

1. 劳动争议仲裁的基本原则

劳动争议的当事人通过仲裁的方式解决劳动争议应当遵循以下六个基本原则：一是合法原则；二是公正原则；三是及时原则；四是独立仲裁原则；五是一次裁决原则；六是三方原则。

2. 劳动争议仲裁组织的组成

劳动争议仲裁组织由劳动行政部门代表、工会代表和企业方面的代表组成。劳动争议仲裁组织主任由劳动行政部门代表担任。劳动争议仲裁组织组成人员应当是单数。

3. 工会参与劳动争议仲裁

劳动争议仲裁与其他劳动争议处理程序相比具有较为重要的地位，是我国劳动争议处理的重要程序。相应的工会参与劳动争议仲裁也是工会参与劳动争议处理的重要体现。工会参与劳动争议仲裁的方式和途径主要有以下三种：第一，工会代表作为劳动争议仲裁组织的三方组成人员之一；第二，工会工作者可以应聘担任兼职仲裁员，行使仲裁权；第三，工会法律工作者可以接受职工的委托，作为仲裁代理人参与仲裁活动。

4. 申请劳动仲裁的时效

《中华人民共和国劳动法》第八十二条规定提出仲裁要求的一方应当自劳动争议发生之日起 60 日内向劳动争议仲裁组织提出书面申请。2008 年 5 月 1 日施行的《中华人民共和国劳动争议调解仲裁法》将劳动争议申请仲裁的时效期间修改为一年，从当事人知道或者应当知道其权利被侵害之日起计算。同时还规定申请仲裁的时效期间，因当事人一方向对方当事人主张权利，或者向有关部门请求权利救济，或者对方当事人同意履行义务而中断。从中断时起，仲裁时效期间重新计算。因不可抗力或者有其他正当理由，当事人不能在本条第一款规定的仲裁时效期间申请仲裁的，仲裁时效中止。从中止时效的原因消除之日起，仲裁时效期间继续计算。劳动关系存续期间因拖欠劳动报酬发生争议的，劳动者申请仲裁不受一年仲裁时效期间的限制。但是，劳动关系终止的，应当自劳动关系终止之日起一年内提出。

5. 当事人的确认

劳务派遣单位或者用工单位与劳动者发生劳动争议的，劳务派遣单位和用工单位为共同当事人。与劳动争议案件的处理结果有利害关系的第三人，可以申请参加仲裁活动或者由劳动争议仲裁组织通知其参加仲裁活动。

6. 仲裁裁决的效力

对追索劳动报酬、工伤医疗费、经济补偿或者赔偿金，不超过当地月最低工资标准12个月金额的争议以及因执行国家的劳动标准在工作时间、休息休假、社会保险等方面发生的争议作出的仲裁裁决，除法律另有规定外，为终局裁决，裁决书自作出之日起发生法律效力。劳动者对该仲裁裁决不服的，可以自收到裁决书之日起15日内向人民法院提起诉讼。

对上述争议作出的仲裁裁决存在以下情形的，用工单位可以在收到裁决书之日起30日内向劳动争议仲裁组织所在地的中级人民法院申请撤销裁决：

（1）适用法律、法规确有错误的。

（2）劳动争议仲裁组织无管辖权的。

（3）违反法定程序的。

（4）裁决所根据的证据是伪造的。

（5）对方当事人隐瞒了足以影响公正裁决的证据的。

（6）仲裁员在仲裁该案时有索贿受贿、徇私舞弊、枉法裁决行为的。

仲裁裁决被人民法院裁定撤销的，当事人可以在收到裁定书之日起 15 日内向人民法院提起诉讼。

当事人对上述争议以外的其他劳动争议案件的仲裁裁决不服的，可以自收到仲裁裁决之日起 15 日内向人民法院提起诉讼；期满不起诉的，裁决书发生法律效力。

当事人对发生法律效力的仲裁裁决书，应当按照规定的期限履行。一方当事人逾期不履行的，另一方当事人可以依照民事诉讼法的有关规定向人民法院申请执行。受理申请的人民法院应当依法执行。

范例

劳动争议仲裁申请书

申请人				被申请人			
姓名或单位名称				姓名或单位名称			
单位性质				单位性质			
法定代表人或主要负责人姓名		性别		法定代表人或主要负责人姓名		性别	
		年龄				年龄	
身份证号		职务		身份证号		职务	
工作单位				工作单位			
住所或经营地址				住所或经营地址			
联系电话		邮编		联系电话		邮编	
代理人姓名		性别		代理人姓名		性别	
身份证号		年龄		身份证号		年龄	
工作单位		职务		工作单位		职务	
联系电话		邮编		联系电话		邮编	
地址				地址			
请求事项	（请求事项是指申请要达到的目的和要求，申请人应具体写明）						
事实和理由	（申请人应当说明争议的基本事实和主要仲裁请求及理由，包括申请人与被申请人之间何时建立劳动关系、劳动合同履行情况，争议发生时间、争议内容、请求事项的法律依据，以及证据、证据来源、证人姓名和住址）						

此致

________劳动争议仲裁组织

申请人：________（本人签名或盖章）

年　月　日

填 写 说 明

（1）本申请书样本是根据《中华人民共和国劳动争议调解仲裁法》有关规定而制作，供申请人使用。

（2）申请书应用钢笔、毛笔书写或打印。由正本和副本组成，副本份数应根据被申请人人数提交，由劳动争议仲裁组织送达被申请人。

（3）事实和理由部分空格不够用时，可用同样大小纸续页。

劳动争议仲裁授权委托书

________劳动争议仲裁组织：

你委受理________________一案，依照法律规定，特委托下列人员为我方代理人：

一	姓名		工作单位	
	性别		住址	
	职务		联系电话	
	年龄		邮编	
二	姓名		工作单位	
	性别		住址	
	职务		联系电话	
	年龄		邮编	
委托事项和权限		（1）…… （2）…… ……		

委托人：（签名或盖章）　　　　　受委托人：（签名或盖章）

年　月　日

填 写 说 明

（1）本委托书样本是根据《中华人民共和国劳动争议调解仲裁法》有关规定而制作，供劳动争议双方当事人委托参加仲裁活动的委托代理人填用。

（2）委托人是单位的，应写明单位全称并加盖公章；委托人是个人的，应由委托人签名或盖章；受委托人应签名或盖章，然后递交劳动争议仲裁组织。

（3）本委托书一式三份，一份在接到受理通知书或应诉通知书后提交劳动争议仲裁组织，一份委托人留底，一份交给受托人。

劳动争议仲裁组织指定代理人通知书

劳仲案字（　　）第　　号

____________同志：

根据《中华人民共和国劳动争议调解仲裁法》的有关规定，本委指定你（单位）为__________劳动争议的__________方代理人。请你（单位）于______年____月____日前来本委办理有关事项。

本委办公室地址：______________

联系人：________，电话：________

________劳动争议仲裁组织

年　月　日

填 写 说 明

（1）本通知书样本是根据《中华人民共和国劳动争议调解仲裁法》有关规定而制作，是劳动争议仲裁组织在审理涉及无劳动行为能力和限制劳动行为能力的职工或者死亡职工的劳动争议案件，由于当事人没有法定代理人等情况，需要指定代理人时，使用的一种格式文书。

（2）本通知书正文“劳动争议的”一句前面的空白，应填写“某某与某某”，即双方当事人的全称；后面的空白应填写被指定代理人一方当事人的全称。

（3）劳动争议当事人是单位的，在本通知书中应写单位全称。

（4）本通知书一式两份，一份发送，一份留存。送交本通知书时，应使用送达回证。

劳动争议仲裁申请登记表

<table>
<tr><td colspan="2">申诉时间</td><td colspan="5">年　　月　　日　　午　　时</td></tr>
<tr><td rowspan="3">申请人</td><td>姓名</td><td></td><td>性别</td><td></td><td>民族</td><td></td></tr>
<tr><td>单位</td><td></td><td>职务</td><td></td><td>年龄</td><td></td></tr>
<tr><td>住址或地址</td><td></td><td colspan="2">联系电话</td><td colspan="2"></td></tr>
<tr><td>被申请人</td><td colspan="6"></td></tr>
<tr><td>申请内容</td><td colspan="6"></td></tr>
<tr><td>承办人
处理意见</td><td colspan="6"></td></tr>
<tr><td>备　注</td><td colspan="6"></td></tr>
</table>

填写说明

（1）本登记表根据《中华人民共和国劳动争议调解仲裁法》有关规定而制作，是为了准确记录申请人向劳动争议仲裁组织提出申请的时间，便于劳动争议仲裁组织办公室工作人员对申请书进行审查而供申请人填写使用的。

（2）凡到劳动争议仲裁组织办公室申请的劳动争议当事人，均须填写此申请登记表。经初步审查，符合受理条件的争议案件，如果申请人是口头提出的或者书面提出书写不符合要求的，承办人应向申请人提供统一的《劳动争议仲裁申请登记表》，并给予指导，同时填写《立案审批表》上报审批。

（3）通过对劳动争议仲裁申请登记表和申请书的初步审查，对属于劳动争议仲裁组织受理范围，且案情比较简单、争议不大、双方当事人自愿接受调解的劳动争议案件，承办人可以提供调解服务，并将处理结果在“备注”栏中予以记载，为劳动争议案件处理统计工作提供依据。

（4）申请人是劳动者的，“姓名”一栏应填写本人的姓名，“单位”一栏应填写本人的工作单位，“住址或地址”一栏应填写本人的住址。申请人是单位的，“姓名”一栏应填写法定代表人或主要负责人的姓名，“单位”一栏应填写单位名称，“住址或地址”一栏应填写本单位的地址。

（5）“申请内容”一栏应填写案由概况。

（6）“承办人处理意见”应将对申请书的初步审查结果简明扼要地予以记载。

______劳动争议仲裁组织收件回执

<table>
<tr><td colspan="2">申请时间</td><td colspan="5">年　月　日　午　时</td></tr>
<tr><td rowspan="3">申请人</td><td>姓名</td><td></td><td>性别</td><td></td><td>民族</td><td></td></tr>
<tr><td>单位</td><td></td><td>职务</td><td></td><td>年龄</td><td></td></tr>
<tr><td>住址或地址</td><td colspan="2"></td><td colspan="2">联系电话</td><td></td></tr>
<tr><td>被申请人</td><td colspan="6"></td></tr>
<tr><td>请求事项</td><td colspan="6"></td></tr>
<tr><td colspan="7">仲裁申请书　份，副本　份，共　页</td></tr>
<tr><td>序号</td><td>证据种类</td><td colspan="2">证据名称</td><td colspan="2">份数</td><td>页数</td></tr>
<tr><td></td><td></td><td colspan="2"></td><td colspan="2"></td><td></td></tr>
<tr><td></td><td></td><td colspan="2"></td><td colspan="2"></td><td></td></tr>
<tr><td></td><td></td><td colspan="2"></td><td colspan="2"></td><td></td></tr>
</table>

收件人：______　　　　　　收件日期：____年___月 ___日

注：劳动争议仲裁组织收到仲裁申请之日起 5 日内，认为符合受理条件的，应当受理，并书面通知申请人；逾期未作出决定的，申请人可以就该劳动争议事项向人民法院提起诉讼。

填 写 说 明

一、证据种类：书证、物证、视听资料、证人证言、当事人陈述、鉴定结论。

二、证据名称：证据之间相互区别的特定名称。

三、收件回执应当加盖“____劳动争议仲裁组织收件回执专用章”，印章由各仲裁组织按规格自行刻制，印章规格为：5cm×1.5cm。

劳动争议仲裁组织不予受理案件通知书

劳仲案字（　　）第　　号

________：

________年____月____日送来的申请书已收悉。经审查，不符合受理条件，本委决定不予受理。主要理由如下：

一、不属于法定的受案范围（　　）。

二、超过法定申请时效（　　）。

三、不符合其他法律规定（　　）。

特此通知。

劳动争议仲裁组织（公章）

年　　月　　日

填写说明

（1）本通知书样本根据《中华人民共和国劳动争议调解仲裁法》有关规定而制作，由劳动争议仲裁组织对经审查不予立案的劳动争议，通知申请人时填用的格式文书。

（2）劳动争议仲裁组织应在接到《劳动争议仲裁申请书》5 日内作出受理或不受理的决定。对经审查不予立案的劳动争议，应从接到申请书之日起 5 日内将《劳动争议仲裁组织不予受理案件通知书》送达申请人，并说明理由。

劳动争议仲裁委员会受理案件通知书

劳仲案字（　　）第　　号

________：

________年____月____日送来的申请书收悉。根据《中华人民共和国劳动争议调解仲裁法》的规定，经本委审查，申请书中所提及的劳动争议符合受理条件，本委决定受理。现将有关事项通知如下：

一、请你（单位）在送达回执上签收本通知。

二、本案按下列第______种方式处理，如申请回避，请于______年____月____日前提交本委。

（一）由____任仲裁员独任处理，____任书记员。

（二）由________________组成合议庭处理，______任首席仲裁员，______、______任仲裁员，______任书记员。

三、请填写法定代表人（或主要负责人）身份证明书，如是委托代理人的请填写授权委托书，于______年____月____日前提交本委。

四、开庭通知。

时间：________年____月____日，地点：________。

五、本案应在______年____月____日前结案，若逾期未作出仲裁裁决的，你（单位）可就劳动争议事项向人民法院提起诉讼。

六、请向本委补充提供下列证明材料：

……

劳动争议仲裁委员会（公章）

年　　月　　日

附：法定代表人（或主要负责人）身份证明书一份，授权委托书一份，回避申请书一份。

填写说明

（1）本通知书样本根据《中华人民共和国劳动争议调解仲裁法》有关规定而制作，是劳动争议仲裁组织对决定受理的案件，通知申请人时填用的格式文书。

（2）劳动争议仲裁组织如要求申请人补充其他材料等事项，可在通知书第六项下行增条续写。

（3）本通知书应在决定受理案件5日内送达申请人。

（4）送达本通知书，应随同送达授权委托书一份，回避申请书一份；如果申请人是单位的，应随同送达法定代表人（或主要负责人）身份证明书一份。

（5）本通知书一式二份，一份发送，一份留存，送达时应使用送达回执。

劳动争议仲裁委员会仲裁通知书

劳仲案字（　　）第　　号

________：

本委决定受理________与你（单位）的劳动争议一案。根据《中华人民共和国劳动争议调解仲裁法》的规定，将有关事项通知如下：

一、请在本通知的送达回执上签收。

二、请在收到申请书副本10日内向本委提交答辩书和有关证据。如不按时提交答辩书或不提交答辩书，不影响案件的处理。

三、本案按下列第________种方式处理，如申请回避，请于______年____月____日前提交本委。

（一）由____任仲裁员独任处理，____任书记员。

（二）由________组成合议庭处理，________任首席仲裁员，________、________任仲裁员，________任书记员。

四、被申请人系企业的，需填写法定代表人（或主要负责人）身份证明书；如委托代理人的请填写授权委托书，于______年____月____日前提交本委。

五、开庭时间及地点。

时间：______年____月____日，地点：________。

六、本案应在______年____月____日前结案，若逾期未作出仲裁裁决的，你（单位）可就劳动争议事项向人民法院提起诉讼。

七、请向本委补充提供下列证明材料：

……

劳动争议仲裁委员会（公章）

年　月　日

附：申请人的申请书副本一份，法定代表人（或主要负责人）身份证明书一份，授权委托书一份，回避申请书一份。

填写说明

（1）本通知书样本根据《中华人民共和国劳动争议调解仲裁法》有关规定而制作，是劳动争议仲裁组织对决定受理的案件，通知被申请人时填用的格式文书。

（2）本通知书应在决定受理案件5日内送达被申请人。

（3）送达本通知书时，应将申请人的申请书副本和法定代表人（或主要负责人）身份证明书、授权委托书各一份，以及回避申请书一份一同送达被申请人。被申请人是职工的，不送法定代表人（或主要负责人）身份证明书。

（4）劳动争议仲裁组织如要求申请人补充其他材料等事项，可在通知书第七项下行增条续写。

（5）本通知书应一式二份，一份发送，一份留存，送达时应使用送达回执。

劳动争议仲裁组织仲裁庭组成人员审批表

<table>
<tr><td>案　　号</td><td colspan="3"></td></tr>
<tr><td>案　　由</td><td colspan="3"></td></tr>
<tr><td rowspan="2">当事人</td><td>申请人</td><td colspan="2"></td></tr>
<tr><td>被申请人</td><td colspan="2"></td></tr>
<tr><td>受理日期</td><td colspan="3"></td></tr>
<tr><td rowspan="3">仲裁庭组成人员</td><td>独任审理</td><td>仲裁员：</td><td>书记员：</td></tr>
<tr><td>合议审理</td><td>首席仲裁员：
仲裁员：</td><td>书记员：</td></tr>
<tr><td>特别合议审　　理</td><td>首席仲裁员：
仲裁员：</td><td>书记员：</td></tr>
<tr><td>审批意见</td><td colspan="3"></td></tr>
<tr><td>备　　注</td><td colspan="3"></td></tr>
</table>

填写说明

（1）本审批表样本根据《中华人民共和国劳动争议调解仲裁法》有关规定而制作，是对已经受理的劳动争议案件，由劳动争议仲裁组织或授权其办事机构负责组成仲裁庭时填用的格式文书。

（2）本表中的“案号”“案由”“当事人”“受理日期”“仲裁庭组成人员”等栏目，由劳动争议仲裁组织办事机构负责办理立案手续的工作人员填写；“审批意见”由仲裁

（院）负责人填写。

（3）“案号”是指本案“受理通知书”等劳动争议仲裁文书的同一个编号：“劳仲案字（　　）第　　号”。案件受理日期，是指立案审批表上，审批意见的负责人签署的日期。

（4）仲裁庭组成人员可根据案情分三种情形来确定，由劳动争议仲裁组织负责人或授权其办事机构负责人负责审批。

（5）仲裁庭处理劳动争议的时效计算，从本表中审批负责人签批之日开始。

劳动争议仲裁组织开庭安排表

时间		案号	当事人			仲裁人员		书记员
月	日		申请人	被申请人	第三人	首席仲裁员	仲裁员	

填 写 说 明

（1）此表由劳动争议仲裁组织办事机构编排案件开庭审理期限时使用，由负责立案的工作人员填写，并根据结案情况适时更新。

（2）此表的规格尺寸根据办案场所的具体情况而定，悬挂在便于当事人知晓的显眼处。

劳动仲裁立案审批表

劳仲案字（　　）第　　号

申请人	
被申请人	
案情摘要	
承办人意见	承办人：　　　　年　月　日
审批意见	负责人：　　　　年　月　日
备注	
说明	

填写说明

（1）本表是由劳动争议仲裁组织办事机构的承办人，对经审查需要立案的劳动争议，报请劳动争议仲裁组织或其办事机构负责人审批时负责填写的格式文书。

（2）“案情摘要”由承办人填写，应简明扼要地将争议基本情节及申请的理由与请求写明，并将申请书及有关材料附上一并报批。

（3）批准立案之日为案件受理之日。劳动争议仲裁组织办事机构的承办人应从立案之日起7日内，将《劳动争议仲裁委员会受理案件通知书》和《应诉通知书》送达当事人；同时按照《劳动争议仲裁组织办案规则》第15条的规定填写《劳动争议仲裁组织仲裁庭组成人员审批表》报批。

（4）劳动争议仲裁组织办事机构承办人，对经审批未予立案的劳动争议，应于审批之日起7日内将《不予受理通知书》送达申请人。

×××劳动人事争议仲裁委员会开庭通知书

×劳人仲字（　　）第　　号

___________：

现将本案仲裁庭组成人员和开庭事项通知如下：

一、本案仲裁庭组成人员为：

1. 合议审理，首席仲裁员：______仲裁员：______书

记员：________

2. 独任审理，仲裁员：________ 书记员：________

仲裁庭组成人员存在《中华人民共和国劳动争议调解仲裁法》第三十三条规定之情形的，你有权申请回避。

二、本案定于××××年××月××日××时××分在本委第×号仲裁庭开庭审理。申请人无正当理由拒不到庭的，按撤回申请处理，被申请人无正当理由拒不到庭的，进行缺席审理和裁决。

仲裁庭地址：

××××年××月××日

附注：1. 被通知人应持本通知准时到达应到地点。

2. 劳动人事争议仲裁公开进行，当事人协议不公开进行或者涉及国家秘密、商业秘密和个人隐私的除外。

×××劳动人事争议仲裁委员会开庭通知书（存根）

×劳人仲字（　　）第　　号

一、被通知人：

二、本案仲裁庭组成人员为：

1. 合议审理，首席仲裁员：______ 仲裁员：______ 书记员：______

2. 独任审理，仲裁员：______书记员：______

三、本案定于××××年××月××日××时××分在本委第×号仲裁庭开庭审理。

四、送达人：

送达时间：

送达方式：

五、接收人签章：

签收时间：

六、附注：

劳动仲裁答辩书

答辩人：

答辩人名称：

地址：

法定代表人：　姓名：　职务：　住址：　电话：

委托代理人：　姓名：　性别：　年龄：

工作单位：　职务：　住址：　电话：

申请人因××××（仲裁请求）诉我××××一案，现提出答辩意见如下：

……

此致

××××仲裁组织

答辩人：××××（盖章）

法定代表人：×××（签章）

××××年××月××日

附：1. 答辩书副本×份。

2. 其他证明材料×件。

劳动争议仲裁委员会调查提纲

案　号		立案时间	
案　由			
申请人			
被申请人			
调查人			
被调查人			
预期完成时间			

需要查阅的档案、资料和其他证明材料：____________________

____

____

调查项目和要求：____

____

注：本页不够时可接用笔录纸，上下页间加盖骑缝章。

填 写 说 明

（1）本提纲样本根据《中华人民共和国劳动争议调解仲裁法》有关规定而制作，供各级劳动争议仲裁组织、仲裁庭及仲裁员处理劳动争议案件过程中，准备进行调查时使用。

（2）本文书的“案号”一栏应填写本案“受理通知书”等仲裁文书的同一个编号：“劳仲案字（　　）第　　号”。“被调查人”一栏应依次写明姓名、性别、职务、住址及工作单位。如被调查人是单位，应写明法定代表人或主要负责人的姓名、单位名称、地址。

(3)“需要查阅的档案、资料和其他证明材料”一栏应列出有关的单位及要查阅的材料。

(4)“调查项目和要求”一栏应写明需查的具体内容，以及完成时间和达到的目的。需要询问证人、现场勘验、技术鉴定或委托调查的，应分别写明各自的要求。

劳动争议仲裁委员会调解笔录

调解时间：______年____月____日____时至____时

地点：________________

案号：劳仲案字（　　）第　　号

案由：________________

调解主持人：________书记员：________

申请人：________委托代理人：________

被申请人：________委托代理人：________

第三人：________委托代理人：________

调解情况：______________________________________

____

____

填 写 说 明

(1) 本笔录样式根据《中华人民共和国劳动争议调解仲裁法》有关规定而制作，供仲裁人员在开庭、裁决前进行调解时使用。在办案过程中，应加大调解力度，促使当事人双方尽可能达成调解协议，并做好调解记录。

（2）本文书的“案号”一栏应填写本案受理通知书等仲裁文书的同一个编号：“劳仲案字（　　）第　　号”。

（3）调解笔录是制作调解书、仲裁决定书的依据，应由双方当事人和主持人阅读后在笔录最后一页的下方签字。一方或双方当事人拒绝签字的应记录在案。

（4）增加的续页应注明页数。

劳动争议仲裁委员会仲裁调解书

劳仲案字（　　）第　　号

申请人：

委托代理人：

被申请人：

委托代理人：

申请事由及请求的情况：

调解达成协议的内容：

申请人：（签名）

被申请人：（签名）

仲裁员：（签名）

劳动争议仲裁委员会（盖章）

年　月　日

附：1. 本调解协议书一式三份，由双方当事人及劳动争议仲裁组织各存一份。

2. 本调解协议书自送达签收之日起具有法律效力。

填写说明

(1) 本调解书样式根据《中华人民共和国劳动争议调解仲裁法》有关规定而制作，属拟制式仲裁文书。样本中所列项目只为启发思路所用，印制实用文书时均可删除，只印文头。调解达成协议的，根据协议内容制作仲裁调解书。协议内容不得违反法律、法规。

(2) 仲裁调解书由双方当事人签字、仲裁员签名、加盖劳动争议仲裁组织印章，送达当事人。

(3) 仲裁调解书可根据具体情况，参考仲裁裁决书的格式书写。一般应有以下内容：

①申请人和被申请人的姓名、性别、年龄、民族、职业、工作单位和住址，单位名称、地址及其法定代表人（或主要负责人）或委托代理人的姓名、职务；

②申请事项、事实和理由……答辩的理由、事实；

③仲裁庭查实的事实，分清责任及适用的法律、法规；

④双方达成的协议（应明确、具体、便于履行）。

劳动争议仲裁委员会仲裁裁决书

（适用于一裁终局案件）

劳仲案字（　　）第　　号

申请人：

委托代理人：

被申请人：

委托代理人：

仲裁请求及答辩：

查明事实及案件分析：

……

本委认为，……

裁决依据及结果：

根据……裁决如下：

……

根据《中华人民共和国劳动争议调解仲裁法》第四十七条、第四十八条、第四十九条规定，本裁决为终局裁决，裁决书自作出之日起即发生法律效力。若用人单位有证据证明本裁决存在该法第四十九条规定情形之一的，可以自收到仲裁裁决书之日起三十日内向劳动争议仲裁组织所在地的中级人民法院申请撤销本裁决。

首席仲裁员：（签名）

仲　裁　员：（签名）

劳动争议仲裁委员会（盖章）

年　月　日

填写说明

(1) 本裁决书样式根据《中华人民共和国劳动争议调解仲裁法》有关规定而制作，属拟制式仲裁文书，适用于该法第四十七条规定情形的劳动争议案件。

(2) 仲裁庭作出裁决后，应制作仲裁裁决书，由仲裁员签名、加盖劳动争议仲裁组织印章，送达双方当事人。对裁决持不同意见的仲裁员，可以签名，也可以不签名。

(3) 申请人和被申请人的表述，应包括姓名、性别、年龄、民族、职业、工作单位和住址，身份证号码，单位名称、地址、营业执照注册或组织机构代码及其法定代表人（或主要负责人）或委托代理人的姓名、职务。

劳动争议仲裁委员会仲裁裁决书

劳仲案字（　　）第　　号

申请人：

委托代理人：

被申请人：

委托代理人：

仲裁请求及答辩：

查明事实及案件分析：

……

本委认为，……

裁决依据及结果：

根据……裁决如下：

……

根据《中华人民共和国劳动争议调解仲裁法》第五十条规定，若当事人对本裁决不服的，可自收到仲裁裁决书之日起十五日内向人民法院提起诉讼；期满不起诉的，裁决书即发生法律效力。

首席仲裁员：（签名）

仲　裁　员：（签名）

劳动争议仲裁委员会（盖章）

年　月　日

填写说明

（1）本裁决书样式根据《中华人民共和国劳动争议调解仲裁法》有关规定而制作，属拟制式仲裁文书，适用于该法第四十七条规定以外情形的其他劳动争议案件。

（2）仲裁庭作出裁决后，应制作仲裁裁决书，由仲裁员签名、加盖劳动争议仲裁委员会印章，送达双方当事人。对裁决持不同意见的仲裁员，可以签名，也可以不签名。

（3）申请人和被申请人的表述，应包括姓名、性别、年龄、民族、职业、工作单位和住址、身份证号码、单位名称、地址、营业执照注册或组织机构代码及其法定代表人（或主要负责人）或委托代理人的姓名、职务。

劳动争议仲裁委员会庭审笔录

开庭时间：______年____月____日____时至____时

地点：______

案号：劳仲案字（　　）第　　号

案由：________________________________

仲裁员：___________书记员：___________

申请人：__________委托代理人：__________

通信地址：___________邮编：___________联系电话：___________

被申请人：___________委托代理人：___________

通信地址：___________邮编：___________联系电话：___________

第三人：___________委托代理人：___________

通信地址：___________邮编：___________联系电话：___________

审理情况：________________________________

____

____

填写说明

（1）本笔录样式根据《中华人民共和国劳动争议调解仲裁法》有关规定而制作，供仲裁人员在开庭裁决案件时使用。

（2）本文书的“案号”一栏应填写本案受理通知书等仲裁文书的同一个编号：“劳仲案字（　　）第　　号”。

（3）仲裁庭开庭裁决时做的庭审笔录，应如实记录仲裁庭审理的全部活动，包括当事人和其他仲裁参加人的活动。庭审过程中再进行调解的，可将调解过程记入本笔录，不需另记调解笔录。

（4）庭审笔录由双方当事人和其他仲裁参加人阅读后在笔录最后一页的下方签名或盖章。如他们认为记录有误或有遗漏的，应进行补正。

（5）拒绝签名盖章的应记明情况，由首席仲裁员或独任仲裁员、书记员签名。

（6）增加的续页应注明页数。

劳动争议仲裁委员会撤诉申请书

申请人______于______年____月____日向劳动争议仲裁组织提出的申请，现提出撤诉请求。

撤诉理由：____

____

____

申请人：（签名）

年　月　日

填写说明

（1）本申请书样式根据《中华人民共和国劳动争议调解仲裁法》有关规定而制作，供申请人在仲裁庭未作出裁决前申请撤诉时填写。

（2）本申请书应用钢笔或毛笔书写。若申请人系自然人，应写明姓名；若系法人或其他组织，应写明名称并加盖公章。

（3）仲裁庭审查后决定其撤诉成立或不成立的，应制作仲裁决定书送达双方当事人。

劳动争议仲裁委员会仲裁决定书

劳仲案字（　　）第　　号

案　号	
案　由	

决定事项：________________________________

____

____

主任：（签字）

劳动争议仲裁委员会（盖章）

年　月　日

填写说明

（1）本决定书样式是根据《中华人民共和国劳动争议调解仲裁法》有关规定而制作的拟制式仲裁文书。

（2）劳动争议仲裁委员会对确定集体争议代表人数、同意回避申请、决定撤诉案件、发现原裁决书确有错误决定重新处理、终止原裁决执行等事项作出仲裁决定时，可使用本文书。

（3）仲裁庭处理劳动争议对作出撤诉处理、同意撤诉申请、不同意撤诉申请、中止审理、补正调解书或裁决书的笔误时，也可使用本文书。

（4）制作仲裁决定书应加盖劳动争议仲裁委员会印章。

（5）该文书中的“案号”一栏应填写该案“受理通知书”等仲裁文书的同一个编号：“劳仲案字（　　）第　　号”。

劳动争议仲裁委员会仲裁建议书

劳仲案字（　　）第　　号

案　号	
案　由	

建议事项：______________________________

____

____

首席仲裁员：（签字）

仲　裁　员：（签字）

劳动争议仲裁委员会（盖章）

年　月　日

填写说明

（1）本建议书样式是根据《中华人民共和国劳动争议调解仲裁法》有关规定而制作的拟制式仲裁文书。

（2）仲裁庭作出裁决时，对涉及经济赔偿和补偿的争议标的可作变更裁决，对其他争议标的可在作出肯定或否定裁决的同时，另向当事人提出书面仲裁建议。

（3）仲裁建议的主要对象是劳动争议双方当事人，指出其错误之处，提出改进建议，应简明、扼要，引用有关法律、法规应注明引文。

（4）仲裁建议书应由仲裁员署名，加盖劳动争议仲裁组织印章。

（5）该文书中的“案号”一栏应填写该案“受理通知书”等仲裁文书的同一个编号：“劳仲案字（　　）第　　号”。

劳动争议仲裁委员会送达回执

劳仲案字（　　）第　　号

受送达人				案由			
受送达单位或地点				执行送达人			
送达文件	签发人	送达人	送达方式	收到时间	受送达人签名	代收人与受送达人关系	不能送达的理由
				月/时 时			
				月/时 时			
				月/时 时			
备注							

填写说明

（1）本送达回执样式根据《中华人民共和国劳动争议调解仲裁法》有关规定而制作，供劳动争议仲裁组织送达各种仲裁文书时填用。

（2）如果同时送交多种仲裁文书，就在本文书“送达文件”一栏中分别写明。

（3）劳动争议仲裁组织送达仲裁文书，直接送交受送达人。本人不在的，交其同住成年亲属签收；受送达人已向劳动争议仲裁组织指定代收人的，交代收人签收，但要查验并注明代收人的身份证件；受送达人是单位的，又没有向劳动争议仲裁委员会指定代收人的，可以交其负责收件的人签收。

(4) 受送达人拒绝接受仲裁文书时，送件人应邀请有关组织的代表或其他人到场，说明情况，在送达回执上记明拒收事由和日期，由送达人、见证人签名或盖章。把仲裁文书留在受送达人住所，即视为送达。

(5) 直接送达仲裁文书确有困难的可邮寄送达，邮寄送达以挂号查询回执上注明的收件日期为送达日期。

(6) 受送达人下落不明，或其他方式无法送达仲裁文书的，可公告送达。自发出公告之日起，经过30日，即视为送达。公告送达应在“备注”栏中注明原因和经过。

劳动争议仲裁委员会
超时未审结案件证明书

劳仲案字（　　）第　　号

案　号	
申请人	
被申请人	
请求事项	
受理日期	
证明日期	

注：根据《中华人民共和国劳动争议调解仲裁法》第四十三条规定，仲裁庭裁决劳动争议案件，应当自劳动争议仲裁委员会受理仲裁申请之日起四十五日内结束。案情复杂需要延期的，经劳动争议仲裁组织主任批准，可以延期并书面通知当事人，但是延长期限不得超过十五日。逾期未作出仲裁裁决的，当事人可以就该劳动争议事项向人民法院提起诉讼。

劳动争议仲裁委员会

年　月　日

劳动争议仲裁委员会风险提示

一、劳动争议申请仲裁的时效期间为一年。仲裁时效期间从当事人知道或者应当知道其权利被侵害之日起计算。超过劳动争议申请仲裁时效期间提出申请的，劳动争议仲裁委员会不予受理；已经受理的案件经查明超过劳动争议申请仲裁时效且无正当事由的，劳动争议仲裁委员会应当驳回申请人的申请。

二、申请人、被申请人、第三人必须是实际发生劳动争议的劳动者与用人单位，或承受其权利义务依法参加仲裁活动的公民或法人、其他组织，如因工死亡劳动者的遗属等。申请人不适当或被申请人名称不符导致仲裁主体错误的，劳动争议仲裁委员会不予受理；已经受理的案件经查明有上述情况的，劳动争议仲裁委员会应驳回申请。

三、申请人可以在收到劳动争议仲裁委员会出具的不予受理通知书之日起十五日内向人民法院起诉。

四、申请人提出申请时，应当依据事实和法律规定，准确地提出自己的请求。所提出的请求事项应当明确具体，有经济标的的，必须载明具体金额；同时有多项请求的，应当逐一列明。申请书中的仲裁请求事项不符合上述要求的，劳动争议仲裁委员会应当通知其补正；拒绝补正的，劳动争议仲裁委员会不予受理。已受理的案件经查明有上述情况的，劳动争议仲裁委员会应当驳回不符合要求的申请。

五、当事人有正当理由的，可以在开庭三日前请求延期开庭。是否延期，由劳动争议仲裁委员会决定。申请人收到书面通知，无正当理由拒不到庭或者未经仲裁庭同意中途退庭的，可以视为撤回仲裁申请。被申请人收到书面通知，无正当理由拒不到庭或者未经仲裁庭同意中途退庭的，可以缺席裁决。

六、申请人向劳动争议仲裁委员会申请或者被申请人提出反申请的，应当附有符合申请条件的证据材料。当事人增加、变更仲裁请求或者提起反申请的，应当在举证期限届满前提出。

七、当事人对自己提出的主张，有责任提供证据证明。因用人单位作出开除、除名、辞退、解除劳动合同、减少劳动报酬、计算劳动者工作年限、变更工作岗位等决定而发生的劳动争议，由用人单位提供证据。当事人提供书证应当提交原件；物证应当提交原物。提交原件或者原物确有困难的，可以提交复制品。提交外文书证，必须附有中文译本。

八、当事人应当在庭审调查活动结束前或仲裁庭指定的期限内向劳动争议仲裁委员会提交证据材料，当事人在举证期限内不提交的，视为放弃举证权利。当事人提请证人出庭的，应在举证期限内向劳动争议仲裁委员会提交书面的证人出庭申请书，是否出庭，由劳动争议仲裁委员会决定。劳动者无法提供由用人单位掌握管理的与仲裁请求有关的证据，仲裁庭可以要求用人单位在指定期限内提供。用人单位在指定期限内不提供的，应当承担不利后果。在举证期限内确有困难，无法提供证据的，应在举证期限内向劳动争议仲裁委员会提交书面的延期举证申请，是否延期举证，由劳动争议仲裁委员会决定。当事人举出的证据不能证明自己的主张，劳动争议仲裁委员会又无法查证或者无须查证的，当事人应当承担败诉的法律后果。

九、当事人和仲裁参与人有以下行为之一的，劳动争议仲裁委员会将按有关规定进行处理：(1) 故意伪造或者提供虚假证据的；（2）故意毁灭证据的；（3）指使他人作伪证的。

十、当事人对仲裁裁决不服，应自裁决书送达之日起十五日内向人民法院起诉。期满不起诉，仲裁裁决即具有法律效力。一方当事人不履行，另一方可向人民法院申请强制执行。仲裁裁决为终局裁决的，裁决书自作出之日起发生法律效力。劳动者对仲裁裁决不服的，可自收到仲裁裁决书之日起十五日内向人民法院提起诉讼。用人单位可自收到仲裁裁决书之日起三十日内按规定向劳动争议仲裁委员会所在地的中级人民法院申请撤销裁决。

典型案例

“工会＋仲裁＋司法”一体化维权模式值得借鉴

2020年初，某区劳动人事争议仲裁院法律援助工作站正式成立。该工作站由区劳动人事争议仲裁院、区司法局、区总工会联合建立，致力实现劳动人事争议案件调解仲裁与法律援助的无缝衔接，为农民工、工伤职工以及孕期、产期、哺乳期女职工劳动维权开辟一站式绿色通道。

近年来，该区总工会、劳动人事争议仲裁委、司法局积极探索职工维权新方法，形成了“工会＋仲裁＋司法”一体化维权模式，融“法律援助、纠纷调解、源头预防”三项功能为一体，提供包括法律援助、案件调解、仲裁确认、业务咨询等一站式服务，减少当事人维权成本，避免了职工维权“多头跑路”的烦恼，做到职工劳动维权“只进一门”。

“工会＋仲裁＋司法”一体化维权模式，“调”“裁”，实际上是我国劳动争议处理体制，即“一调一裁两审制度”，是劳动争议在进入司法诉讼前的前置必经程序。劳动争议仲裁，是由劳动争议仲裁委依据当事人申请所作出的具有法律效力的裁决，审理案件的仲裁庭大多在各地人社部门设立。而该区“工会＋仲裁＋司法”一体化维权模式，通过案前引调机制，部分案件在初始阶段被消化，不仅缓解了仲裁委和法院的办案压力，也使劳动者以最快的速度成功维权，同时也缓解了用人单位的抵触情绪，使纠纷在初始阶段得以解决，实现劳动者、用人单位和办案单位的三方共赢。

“工会＋仲裁＋司法”一体化维权模式，是一种探索和创新。工会组织维护职工合法权益，推动构建和谐劳动关系，是《工会法》《劳动法》等法律赋予其的重要职责。工会在处理劳动纠纷时由“调”向“裁”延伸，不仅是现实的需要，同时非常具备可行性，更符合法律。实际上，《工会法》第二十八条规定：“地方劳动争议仲裁组织应当有同级工会代表参加。”工会组织参加劳动争议仲裁委员会，是工会组织履行基本职责的具体表现，是社会主义民主与法制发展、健全的标志，是劳动关系三方协商原则和机制的生动实践，为工会组织在企业改革创新和促进经济高质量发展中发挥作用创造了条件。

劳动争议的仲裁是具有国家强制力的，裁决一经生效就必须执行。劳动争议裁决结果与职工的权益密切相关，仲裁裁决关系到职工权益的保护。因此，工会组织应当主动对职工劳动争议进行协调和参加劳动争议仲裁，以代表和维护职工的合法权益。该区融“法律援助、纠纷调解、源头预防”三大功能为一体的维权模式，让职工劳动维权有一站式绿色通道的同时，最大限度地维护职工的权益，值得借鉴。

劳动人事争议仲裁　为困难职工排忧解难

51岁的张某，是位残疾人。2017年1月，张某经残联介绍到某公司做门卫，单位与其签了两年合同，缴纳完社会保险后每月工资1800元。门卫工作比较轻松，张某为了贴补家用，2018年4月经公司经理介绍，下班后晚上帮其朋友烧锅炉。孰料还没干两天，张某骑车上班途中不小心摔倒，左腿粉碎性骨折，住院治疗3个多月，花费6万多元。虽然绝大部分费用医疗保险报销，但对家庭困难的张某来说是相当大的一笔开支。后来张某回家养病，公司8月开始每月工资按照520元发放，养老统筹医疗保险继续为其缴纳。眼看2019年1月合同就要到期，加上公司也要改制，明确年底合同到期后不能再继续聘用，对日后生活没有着落的张某，抱着试试看的心态来到区劳动人事争议仲裁院，希望能够得到一些帮助。

办案人员详细了解完事情的经过后，立即联系了该公司负责人，提出把从8月开始扣发的工资补齐，按照每月1800元发放，合同到期后，按照经济补偿的标准再补偿两个月的工资。经过一番沟通，公司负责人表示张某生活不易，作为企业要有社会责任感，同意仲裁院的意见，并帮忙协调烧锅炉的朋友补发了工资，又多给了张某1个月的工资作为补偿。

提出过度要求，仲裁不予支持

在劳动争议仲裁中，也有员工提出过度的要求，仲裁委员会不予支持，可能还会依据有关法律法规，让其承担相应的责任。

李某原是某公司的员工，因对公司2019年5月与其解除劳动合同决定不满意，且不愿意再与其进行争议调解，2019年6月1日一纸诉状，向所在区劳动人事争议仲裁委员会申请劳动仲裁。仲裁请求的主要内容是：请求依法裁决被申请人支付从2016年5月到2019年4月的工资126000元。陈述的主要理由是：本人与被申请人2010年6月签订劳动合同，在工作中比较努力。本人从2016年起5月因工作中常常弯腰造成腰痛不止，医院检查为腰椎间盘突出，故常去医院看病，偶尔不去单位上班。被申请人与其解除劳动合同是不对，自己也不想再去上班，被申请人应按本人原每月3500元的工资补发36个月的工资。

2019年6月10日，仲裁委在初步了解相关情况后，决定于7月1日开庭，并向当事人发出了举证通知书，向被申请人发出了应诉通知书和庭前调解建议书。李某收到了举证通知书后，没有提出相应的证据支持自己的诉求。公司收到庭前调解通知书后，没有作出回应。收到举证通知书后，向仲裁委提供了4份相关材料。一是答辩书。主要是李某36个月的考勤情况：旷工合计25个月，病假8个月（其中住院1个月），上班时间共计3个月（基本不在工作状态，未曾产生实际的生产任务量）。上班期间已经支付了工资，病假期间按相关法律及公司规定支付了工资待遇。二是李某本人2018年5月的保证书。本人承认一年多无故旷工，且还想保留这份工作，回公司上班，并提出3条保证：不再无故缺勤、旷工；服从分公司领导安排；若再出现旷工，接受公司的相应处理。三是李某所在分公司2018年6月出具的非在岗职工情况认定书。认定李某自2016年7月至2018年6月以来长期处于旷工状态，违反了劳动法及公司相关规定；分公司多次与其联系，并在2016年11月与其签订过限期上班通知书，但其仍然不到单位上班。四是公司2018年8月出具的且有李某签收的“限期上班通知书”。指出其已经连续21天旷工，要求立即回单位上班，否则按劳动合同法相关规定，予以除名。李某对公司出具的相关文书没有异议。仲裁委最后裁决，支持公司与李某解除劳动合同的决定，不支持李某关于补发工资的请求。

劳动争议诉讼流程

图示

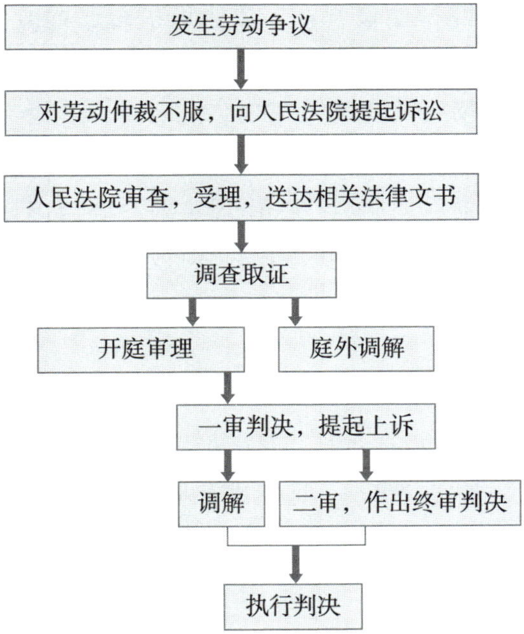
发生劳动争议
对劳动仲裁不服，向人民法院提起诉讼
人民法院审查，受理，送达相关法律文书
调查取证
开庭审理
庭外调解
一审判决，提起上诉
调解
二审，作出终审判决
执行判决

图示解说

诉讼又称为法院审理，是指法院依照法定程序，以有关劳动法律法规为依据，以争议案件的事实为准绳，对劳动争议案件进行审理的活动。劳动争议的法律诉讼一般有以下几个阶段：

1. 起诉、受理阶段

起诉是指争议当事人向有管辖权的法院提出诉讼请求，要求法院行使审判权，依法保护自己的合法权益。诉讼请求要明确被告及要求其承担的义务等。受理是指法院接受争议案件并同意审理。法院对原告提交的诉状和材料进行审查后确定是否登记立案。人民法院在劳动争议案件立案后，应当在法律规定的时间内向原告送达受理案件通知书和举证通知书，向被告送达应诉通知书和举证通知书。

2. 调查取证阶段

法院的调查取证包括：对原告提供的有关材料、证据或仲裁机构掌握的情况、证明进行核实；对争议的有关情况、事实进行重点调查。

3. 调解阶段

对于开庭前可以调解的案件，法院可以采用调解的方式及时解决纠纷。法院的调解建立在双方当事人自愿的基础上，法院不得强迫调解。调解成功的，要制作调解书。法院调解不成或调解书送达前当事人反悔的，法院应当及时开庭审理，作出判决。

4. 开庭审理阶段

当事人不愿调解，或法院调解失败，法院将进入开庭审理阶段。人民法院应当在开庭 3 日前，向劳动争议案件当事人和其他诉讼参与人送达开庭通知书，明确开庭时间、地点等事项。劳动争议案件，人民法院可以在开庭审理前，确定一个时间组织劳动争议当事人交换证据，也可以在开庭审理时，当庭交换证据。这一阶段主要进行法庭调查、法庭辩论和法庭判决活动，与民事诉讼开庭审理的一般程序相同。

5. 判决执行阶段

法院判决前能够调解的，还可以进行调解，调解不成的，应当及时判决。法庭判决书送达当事人以后，当事人在规定时间内不向上一级法院上诉的，判决书即行生效，双方当事人必须执行。

注意事项

1. 工会参与劳动争议诉讼

劳动争议的诉讼由人民法院主持进行，人民法院独立审判案件，不受任何机关、组织和个人的干扰。工会参与劳动争议诉讼的主要方式是为参与诉讼的职工提供法律服务和帮助。主要表现在：第一，支持和帮助职工向法院起诉。第二，代理职工参与诉讼。第三，为职工提供法律援助。

2. 当事人提起劳动争议诉讼应当具备的条件

根据相关法律、法规的规定，当事人提起劳动争议诉讼应当具备以下条件：

（1）起诉人必须是劳动争议的一方当事人，即用人单位或劳动者。起诉是与劳动争议有直接利害关系的劳动争议当事人的权利，因此，相互形成劳动法律关系的企业、国家机关、事业单位、社会团体等用人单位劳动者，都可以作为起诉人提起劳动争议诉讼。劳动者在诉讼权利能力和诉讼行为能力相一致时，由劳动者个人作为当事人一方参加诉讼。当事人因故不能起诉的，可以委托代理人代为起诉，其他人员则无权起诉。

（2）必须有明确的被告。劳动争议一方当事人向人民法院提起诉讼，必须明确被告，即对方当事人。如果原告不知道是谁侵犯了自己的合法权益，则会出现无人应诉的情况，也无法进行诉讼，人民法院也无从审理。在明确劳动争议诉讼被告的同时，应当指出，原告不得将劳动争议仲裁组织和劳动行政部门作为劳动争议诉讼案件的被告或第三人。这主要是由于他们不具有劳动争议诉讼法律关系的主体资格。

（3）必须有具体的诉讼请求和事实根据。具体的诉讼请求，是指原告向人民法院提起诉讼所要求解决的问题。它包括以下三种：一是给付的请求，即请求人民法院认定原告的请求权，责令对方履行义务，如给付工资、劳动保险、资金等；二是确认的请求，即请求人民法院确认原告与被告之间存在或不存在某种实体法律关系，如确认劳动合同关系有效或无效，确认职工与企业存在的劳动关系，企业不得开除、除名、辞退等；三是变更的请求，即请求人民法院改变或消灭当事人之间原有的劳动法律关系，如改变劳动合同的内容，解除劳动合同、劳动关系等。当事人提出的诉讼请求要有事实根据，包括劳动争议是如何发生的、争议的内容等，还包括劳动争议的证据事实，即能证明劳动争议案件的一切材料。当事人对自己提出的主张，有责任提供证据。

（4）必须经劳动争议仲裁机关仲裁。通常情况下，当事人一方或双方不能就劳动争议直接向人民法院提起诉讼，只有先向劳动争议仲裁机关申请仲裁后，不服仲裁裁决的，才有权起诉。如果当事人就劳动争议问题在仲裁机关的主持下，达成调解协议并已发生法律效力，当事人也无权向人民法院提起诉讼。

（5）必须在法律规定的时效期限内提起诉讼。当事人对仲裁裁决不服的，应当自收到仲裁裁决之日起 15 日内，向人民法院起诉，超过期限的，一般不予受理。如果由于不可抗力等原因造成逾期的，应向人民法院提供证据予以说明。

3. 劳动诉讼时效的计算

劳动纠纷诉讼时效有普通时效和特殊时效之分，普通时效为三年。诉讼时效期间从知道或者应当知道权利被侵害时起计算。但是，从权利被侵害之日起超过20年的，人民法院不予保护。有特殊情况的，人民法院可以延长诉讼时效期间。超过诉讼时效期间，当事人自愿履行的，不受诉讼时效限制。在诉讼时效期间的最后6个月内，因不可抗力或者其他障碍不能行使请求权的，诉讼时效中止。从中止时效的原因消除之日起，诉讼时效期间继续计算。诉讼时效因提起诉讼、当事人一方提出要求或者同意履行义务而中断。从中断时起，诉讼时效期间重新计算。

4. 劳动争议案件的证据与举证责任

（1）证明当事人主体资格的证据：当事人为自然人的，应提交身份证明资料，如身份证或户口本等；当事人为法人或其他组织的，应提交主体登记资料，如工商营业执照副本或由工商登记机关出具的工商登记清单，社团法人登记证等；当事人在诉争的法律事实发生后曾有变更的，应提交变更登记资料。

（2）证明双方当事人民事法律关系成立的证据，如劳动合同、工资单等。

（3）在劳动争议纠纷案件中，因用人单位作出的开除、除名、辞退、解除劳动合同、减少劳动报酬、计算劳动者工作年限等决定而发生劳动争议的，由用人单位负举证责任。

（4）有具体诉讼请求的，应提交诉讼请求金额的计算清单。

当事人对自己提出的主张，有责任提供证据。与争议事项有关的证据属于用人单位掌握管理的，用人单位应当提供；用人单位不提供的，应当承担不利后果。

5. 法院审理劳动争议案件的主要程序

法院审理劳动争议案件和审理一般民事纠纷一样，适用民事诉讼法的规定。其主要程序有一审程序、二审程序、审判监督程序等。

一审程序：一审程序比较复杂。审理之前人民法院将进行向被告发送起诉状副本、组成合议庭、开展调查或委托调查、通知当事人参加诉讼等事宜。法庭调查时，按当事人陈述、证人作证、出示证言书证等证据、宣读鉴定结论和勘验笔录这样的顺序进行。进入法庭辩论后，先由原告及其诉讼代理人发言，再由被告及其诉讼代理人答辩，最后由各方互相辩论。辩论之后由审判长按照原告、被告、第三人的先后顺序征询各方最后意见。判决前能够调解的，可以进行调解，调解不成的，应当及时判决。判决书中应当写明案由、诉讼请求、争议的事实和理由；判决认定的事实、理由和适用的法律依据；判决结果和诉讼费用的负担；上诉期间和上诉的法院。一审普通程序应当在立案之日起 6 个月内审结，有特殊情况需延长的，由法院院长批准，可以延长 6 个月。简易程序应当在立案之日起 3 个月内审结。

二审程序：当事人不服一审判决的，可依法提起二审程序。当事人须在一审判决书送达之日起 15 日内向上一级法院提起上诉。上诉状应当写明当事人的姓名、法人名称及其法定代表人姓名，原审人民法院名称、案件编号和案由，上诉的请求和理由。上诉状应当通过原审法院提出，并按照对方当事人或者代表人的人数提出副本。二审法院应对上诉请求的有关事实和适用法律进行审查，并应组成合议庭进行开庭审理。合议庭认为不需要开庭审理的，也可以不开庭审理。二审法院审理上诉案件，可以进行调解。二审法院作出的判决是终审判决。二审程序，对判决的上诉案件应当在立案后 3 个月内审结，对裁定的上诉案件应当在立案后 30 日内审结。

审判监督程序：当法院对已经发生法律效力的判决和裁定发现确有错误而需要再审时，需要采用审判监督程序。当事人也可以申请再审，但须在判决发生法律效力后两年内提出。

6. 强制执行

一般情况下，有关法律文书（判决书、仲裁裁决书、仲裁调解书）可以由当事人自觉履行，但如果当事人不执行，可以通过法院执行程序而予以强制执行。强制执行程序是指法院依法对生效的法律文书，通过强制措施迫使当事人履行法律文书规定义务的诉讼活动。强制执行措施主要包括：

（1）向银行查询被执行人的存款情况，有权冻结、划拨被执行人的存款。

（2）扣留、提取被执行人应当履行义务部分的收入。

（3）查封、扣押、冻结、拍卖、变卖被执行人应当履行义务部分的财产。

（4）法院有权发出搜查令，对被执行人及其住所或者财产隐匿地进行搜查。

（5）强制迁出房屋或者强制退出土地。

（6）对失信被执行人实施联合惩戒。

当事人向法院申请强制执行，应当提交申请执行书和有关法律文书（判决书、裁决书等）。当申请执行法院判决时，当事人应请求第一审人民法院执行；当申请执行仲裁裁决书或仲裁调解书时，应请求被执行人住所地或者被执行的财产所在地法院执行。申请执行劳动争议法律文书的期限为一年，从法律文书规定履行期间的最后一日起计算。执行工作由法院执行员进行，执行员接到申请执行书后应向被执行人发出执行通知，责令其在指定的期间履行，逾期不履行的，强制执行。对于用人单位拒绝给职工安排工作的，人民法院可将该行为标的转化为经济标的，强制用人单位执行。

范例

劳动争议起诉书

原告：

被告：

案由：

诉讼请求：（写明要求确认双方劳动关系、要求被告支付原告工资、要求被告按照国家规定为原告缴纳社会保险费、要求被告支付原告一次性经济补偿等诉讼请求）

事实与理由：

（写明双方争议的有关情况及请求法院判决的理由和依据）

综上所述，被告违反劳动法的相关规定，侵害了原告的合法权益，根据法律和行政法规的规定，特向贵院提起诉讼，请求法院依法处理。

此致

××××人民法院

起诉人：（签字盖章）

××××年××月××日

注：起诉书的主要内容包括当事人名称、案由、诉讼请求、事实和理由以及受诉人民法院名称等。

××××人民法院劳动争议案件判决书

（　　）民劳字第　　号

原告：

住址：

委托代理人：

被告：

住所：

法定代表人：

职务：

委托代理人：

第三人：

住所：

委托代理人：

原告×××与被告×××关于××劳动纠纷一案，本院于××××年××月××日受理后，依法适用一审普通程序，组成合议庭，于××××年××月××日公开开庭进行了审理，原告×××及其委托代理人、被告×××及其委托代理人等到庭参加诉讼。本案现已审理终结。

原告×××诉称，……

被告×××辩称，……

本院查明，……

上述事实，有庭审笔录、当事人陈述及相关书证为凭，证据确实，足以认定。

本院认为，……

根据××××的规定，裁决如下：

一、……

二、……

三、……

如对本判决不服，可以在接到本判决书的第二天起十五日内，向本院提出上诉状及副本×份，上诉于××××人民法院。

审判长：

审判员：

××××年××月××日

书记员：

强制执行申请书

申请人：×××，住所：××××，电话：××××。

被执行人：×××，住所：××××，电话：××××。

申请事项：

1. 强制被执行人履行××××人民法院于××××年××月××日作出的××号民事判决书，立即给付申请人各项经济损失××元。

2. 请求被执行人承担延迟履行期间××元的债务利息，即按同期银行贷款利率加倍支付（自××××年××月××日至执行完毕当日）。

3. 请求被执行人承担案件的受理费用××元。

4. 由被执行人承担本案执行费用。

事实与理由：

申请人×××与被执行人×××关于××××纠纷一案，贵院已作出×号民事判决。根据判决，被执行人应于该判决生效后十日内赔偿申请人各项经济损失共计××元，并承担案件的受理费用××元。

现该判决已经生效，但被执行人并没有在生效判决确定的时间内履行支付义务，因此特向人民法院申请强制执行，以维护申请人的合法权益。

此致

××××人民法院

申请人：×××

××××年××月××日

典型案例

王某与某集团公司某子公司劳动仲裁诉讼案例

2015 年 1 月 4 日，某集团公司接收复退军人王某在集团公司工作。经过培训后，自 2016 年 7 月 1 日起，王某到某子公司上班。2016 年 7 月 1 日，王某与某子公司签订一份劳动合同，主要内容为：甲方（用人单位）为某集团公司某子公司，乙方为王某。劳动合同期限采取无固定期限，自 2016 年 7 月 1 日起至法定终止情形出现时止。乙方严重违反用人单位规章制度的，严重失职、营私舞弊、给甲方造成重大损害的，甲方应予解除劳动合同。2019 年 1 月 31 日，某子公司认为从 2017 年 10 月至 2018 年 3 月，王某旷工时间长达 125 个工作日，依据法律规定和单位规章制度，在征求班组、车间、子公司工会同意后，解除了与王某的劳动合同，并依法告知和送达王某。

王某向某区人民法院提起诉讼，请求判令：1. 撤销某子公司在2019年1月31日作出的解除劳动合同通知书；补发自2019年1月31日至恢复劳动关系之日的工资4242.9元及25%的经济补偿金1060.7元；（暂计至2019年2月26日申请仲裁之日）。2. 恢复其原工作岗位及原工资待遇。3. 某子公司与王某签订无固定期限劳动合同。4. 某子公司承担本案诉讼费用。

王某认为：一、某子公司没有对《集团公司职工奖惩工作实施办法》进行记名式学习，故依据该文件对其进行处罚理由不足。二、其应当享有劳动就业的合法权利。某子公司所说的2017年10月8日至2018年3月31日其未上班是有原因的。这期间，王某一直在等待工作的调整调动。其认为自己的人事档案已经被集团另一子公司接收，处于等待新单位通知上班的状态。等到2018年4月，某子公司通知其因调动手续未办成功，要继续到某子公司上班，于是，王某又回到原单位工作了9个月后纪委检查某子公司工作中，发现其在调动工作期间空岗的现象，就要求对其进行处理。而事实上，对被上诉人存在的连续空岗现象，某子公司领导及同事均是明知的。其本人在2018年4月至某子公司下发开除通知的9个月期间，是不存在连续旷工125个工作日的事实的。

某子公司认为：一、解除王某劳动合同所依据的规章制度已依法进行了公示和告知。2017年4月15日，《集团公司职工奖惩工作实施办法》就已经上传到了子公司网站并进行了公示。该文件已经制定成小册子在班组召开交班会的时候发给了王某，故该办法不但进行了公示，更是向被上诉人进行了告知。因此，《集团公司职工奖惩工作实施办法》（集团人资〔2017〕19号）公示和告知程序均符合法律规定。二、王某旷工长达125个工作日，严重违反了本单位规章制度。2017年10月8日至2018年3月31日，王某无故不来上班，未向单位说明情况，更未向单位请假，旷工时间长达125个工作日，考勤表上记为旷工。三、依据法律规定和单位规章制度，在征求班组、车间、子公司工会同意后，解除了与王某的劳动合同，并依法告知和送达。《某集团关于印发〈集团职工奖惩工作实施办法〉的通知》规定："开除。职工严重违规违纪，有下列情形之一的，给予开除处分，并依法解除劳动合同：……3. 无视劳动（工作）纪律，连续旷工超过十五个工作日或一年之内累计旷工超过三十个工作日的；……"因王某旷工长达125个工作日，严重违反了本单位规章制度，本单位在征求了班组、车间、某子公司工会、劳动人事部门与单位负责人同意后，于2019年1月31日，解除了与王某的劳动合同，并将《某集团公司某子公司通知》送达给了王某，劳动合同解除的程序符合法律规定。

法院认为：某子公司提交的证据称对《集团公司职工奖惩工作实施办法》进行了记名式学习，并在网站上进行了公示，以此证明王某对奖惩工作实施办法的内容应当知道。但某子公司提交的证据及本段职工证言都不能证明，对本案中所依据的职工奖惩工作实施办法，已对王某进行记名式学习。被告据此解除劳动合同，依据不足。

法院判决如下：一、撤销被告某集团公司某子公司在2019年1月31日作出的解除劳动合同通知书，恢复原告王某原工作岗位及工资待遇；二、驳回原告王某的其他诉讼请求。

某子公司不服一审判决，上诉至郑州市中级人民法院，二审维持了原判。

李某与某集团公司劳动争议仲裁诉讼案例

李某，男，某集团公司职工。2006年大学毕业分配到某分公司。2014年5月21日，李某因酒后驾驶二轮摩托车，发生交通事故。2014年5月28日，被某区人民法院以危险驾驶罪判处拘役2个月，并处罚金3000元。2018年8月，某集团公司以其犯危险驾驶罪并根据《某集团公司职工奖惩工作实施办法》之规定，作出给予李某开除处分。

李某向某区劳动仲裁委员会提请仲裁，败诉后又向某市某区人民法院提出诉讼。请求：依法判决恢复原告工作要求。根据庭审，李某的诉讼请求与申请仲裁的请求一致。李某申请仲裁的请求为：1. 依法裁决被申请人某集团公司解除申请人劳动合同的行为无效，恢复劳动关系；2. 被申请人至今都没把《劳动合同书》文本原件给申请人李某一份，应视为没有签订劳动合同，另外支付申请人一倍工资72000元。

李某认为：给予开除处分过于严重。首先，该处罚作出已经过去4年之久，某集团公司的行为明显超过处理时效，解除劳动合同的处理迄今不应当超过刑法的执行期限。刑事犯罪过了追诉时效。其次，《某集团公司职工奖惩工作实施办法》不适用于本案。该实施办法是2015年7月1日起开始实施，根据法不溯及既往的原则，以该文件为依据作出对其的处分是错误的。根据《中华人民共和国劳动法》第二十五条第四项规定，依法被追究刑事责任的，用人单位可以解除劳动合同，但并非必须开除。最后，李某所犯罪行与工作无关，对社会危害性小，并且非工作期间所犯。其本人工作期间的突出表现及对单位的贡献，某集团公司不加以区分，对其作出解除劳动合同的决定，从情理上无法接受。

某集团公司认为：根据《中华人民共和国劳动合同法》第三十九条第六款、双方签订的《劳动合同书》第七条第五款第二项，劳动者依法追究刑事责任的，用人单位可以解除劳动合同。李某于2014年5月因犯危险驾驶罪被人民法院判刑。拘役期间，李某以代请探亲假、休年休假等手段对单位一直隐瞒被判刑的事实。2018年，根据集团公司要求，在对2013年至2017年间违法犯罪人员清查过程中，调取其《刑事判决书》，发现上述事实，并依法作出解除劳动合同的决定。

区法院认为：劳动者被依法追究刑事责任的，用人单位可以解除劳动合同。李某犯危险驾驶罪被依法追究刑事责任，某集团公司可以与其解除劳动合同。李某主张某集团公司时隔四年作出解除劳动合同的决定违法，集团公司辩称2018年某分公司纪检委按照集团公司纪委对党纪处分决定执行情况进行检查清理才知晓，李某是以请假方式隐瞒被追究刑事责任的事实。认定集团公司解除李某劳动合同的处分不违反法律及用人单位的规章制度。故对李某主张恢复劳动关系的诉讼请求，法院不予支持。李某与某集团公司连续签订多次劳动合同，双方于2010年1月1日起签订无固定期限劳动合同，李某要求某集团公司支付未签订劳动合同的双倍工资，无事实和法律依据，法院不予支持。

区法院判决：依照《中华人民共和国劳动法》第三十九条及《中华人民共和国民事诉讼法》第六十四条、第一百五十七条之规定，驳回原告李某的全部诉讼请求。

附　录

中华人民共和国劳动争议调解仲裁法

（2007 年 12 月 29 日第十届全国人民代表大会
常务委员会第三十一次会议通过）

第一章　总　则

第一条　为了公正及时解决劳动争议，保护当事人合法权益，促进劳动关系和谐稳定，制定本法。

第二条　中华人民共和国境内的用人单位与劳动者发生的下列劳动争议，适用本法：

（一）因确认劳动关系发生的争议；

（二）因订立、履行、变更、解除和终止劳动合同发生的争议；

（三）因除名、辞退和辞职、离职发生的争议；

（四）因工作时间、休息休假、社会保险、福利、培训以及劳动保护发生的争议；

（五）因劳动报酬、工伤医疗费、经济补偿或者赔偿金等发生的争议；

（六）法律、法规规定的其他劳动争议。

第三条　解决劳动争议，应当根据事实，遵循合法、公正、及时、着重调解的原则，依法保护当事人的合法权益。

第四条 发生劳动争议，劳动者可以与用人单位协商，也可以请工会或者第三方共同与用人单位协商，达成和解协议。

第五条 发生劳动争议，当事人不愿协商、协商不成或者达成和解协议后不履行的，可以向调解组织申请调解；不愿调解、调解不成或者达成调解协议后不履行的，可以向劳动争议仲裁委员会申请仲裁；对仲裁裁决不服的，除本法另有规定的外，可以向人民法院提起诉讼。

第六条 发生劳动争议，当事人对自己提出的主张，有责任提供证据。与争议事项有关的证据属于用人单位掌握管理的，用人单位应当提供；用人单位不提供的，应当承担不利后果。

第七条 发生劳动争议的劳动者一方在十人以上，并有共同请求的，可以推举代表参加调解、仲裁或者诉讼活动。

第八条 县级以上人民政府劳动行政部门会同工会和企业方面代表建立协调劳动关系三方机制，共同研究解决劳动争议的重大问题。

第九条 用人单位违反国家规定，拖欠或者未足额支付劳动报酬，或者拖欠工伤医疗费、经济补偿或者赔偿金的，劳动者可以向劳动行政部门投诉，劳动行政部门应当依法处理。

第二章　调　解

第十条　发生劳动争议，当事人可以到下列调解组织申请调解：

（一）企业劳动争议调解委员会；

（二）依法设立的基层人民调解组织；

（三）在乡镇、街道设立的具有劳动争议调解职能的组织。

企业劳动争议调解委员会由职工代表和企业代表组成。职工代表由工会成员担任或者由全体职工推举产生，企业代表由企业负责人指定。企业劳动争议调解委员会主任由工会成员或者双方推举的人员担任。

第十一条　劳动争议调解组织的调解员应当由公道正派、联系群众、热心调解工作，并具有一定法律知识、政策水平和文化水平的成年公民担任。

第十二条　当事人申请劳动争议调解可以书面申请，也可以口头申请。口头申请的，调解组织应当当场记录申请人基本情况、申请调解的争议事项、理由和时间。

第十三条　调解劳动争议，应当充分听取双方当事人对事实和理由的陈述，耐心疏导，帮助其达成协议。

第十四条　经调解达成协议的，应当制作调解协议书。

调解协议书由双方当事人签名或者盖章，经调解员签名并加盖调解组织印章后生效，对双方当事人具有约束力，当事人应当履行。

自劳动争议调解组织收到调解申请之日起十五日内未

达成调解协议的，当事人可以依法申请仲裁。

第十五条 达成调解协议后，一方当事人在协议约定期限内不履行调解协议的，另一方当事人可以依法申请仲裁。

第十六条 因支付拖欠劳动报酬、工伤医疗费、经济补偿或者赔偿金事项达成调解协议，用人单位在协议约定期限内不履行的，劳动者可以持调解协议书依法向人民法院申请支付令。人民法院应当依法发出支付令。

第三章 仲 裁

第一节 一般规定

第十七条 劳动争议仲裁委员会按照统筹规划、合理布局和适应实际需要的原则设立。省、自治区人民政府可以决定在市、县设立；直辖市人民政府可以决定在区、县设立。直辖市、设区的市也可以设立一个或者若干个劳动争议仲裁委员会。劳动争议仲裁委员会不按行政区划层层设立。

第十八条 国务院劳动行政部门依照本法有关规定制定仲裁规则。省、自治区、直辖市人民政府劳动行政部门对本行政区域的劳动争议仲裁工作进行指导。

第十九条 劳动争议仲裁委员会由劳动行政部门代表、工会代表和企业方面代表组成。劳动争议仲裁委员会组成人员应当是单数。

劳动争议仲裁委员会依法履行下列职责：

（一）聘任、解聘专职或者兼职仲裁员；

（二）受理劳动争议案件；

（三）讨论重大或者疑难的劳动争议案件；

（四）对仲裁活动进行监督。

劳动争议仲裁委员会下设办事机构，负责办理劳动争议仲裁委员会的日常工作。

第二十条　劳动争议仲裁委员会应当设仲裁员名册。

仲裁员应当公道正派并符合下列条件之一：

（一）曾任审判员的；

（二）从事法律研究、教学工作并具有中级以上职称的；

（三）具有法律知识、从事人力资源管理或者工会等专业工作满五年的；

（四）律师执业满三年的。

第二十一条　劳动争议仲裁委员会负责管辖本区域内发生的劳动争议。

劳动争议由劳动合同履行地或者用人单位所在地的劳动争议仲裁委员会管辖。双方当事人分别向劳动合同履行地和用人单位所在地的劳动争议仲裁委员会申请仲裁的，由劳动合同履行地的劳动争议仲裁委员会管辖。

第二十二条　发生劳动争议的劳动者和用人单位为劳动争议仲裁案件的双方当事人。

劳务派遣单位或者用工单位与劳动者发生劳动争议的，劳务派遣单位和用工单位为共同当事人。

第二十三条　与劳动争议案件的处理结果有利害关系的第三人，可以申请参加仲裁活动或者由劳动争议仲裁委员会通知其参加仲裁活动。

第二十四条 当事人可以委托代理人参加仲裁活动。委托他人参加仲裁活动，应当向劳动争议仲裁委员会提交有委托人签名或者盖章的委托书，委托书应当载明委托事项和权限。

第二十五条 丧失或者部分丧失民事行为能力的劳动者，由其法定代理人代为参加仲裁活动；无法定代理人的，由劳动争议仲裁委员会为其指定代理人。劳动者死亡的，由其近亲属或者代理人参加仲裁活动。

第二十六条 劳动争议仲裁公开进行，但当事人协议不公开进行或者涉及国家秘密、商业秘密和个人隐私的除外。

第二节 申请和受理

第二十七条 劳动争议申请仲裁的时效期间为一年。仲裁时效期间从当事人知道或者应当知道其权利被侵害之日起计算。

前款规定的仲裁时效，因当事人一方向对方当事人主张权利，或者向有关部门请求权利救济，或者对方当事人同意履行义务而中断。从中断时起，仲裁时效期间重新计算。

因不可抗力或者有其他正当理由，当事人不能在本条第一款规定的仲裁时效期间申请仲裁的，仲裁时效中止。从中止时效的原因消除之日起，仲裁时效期间继续计算。

劳动关系存续期间因拖欠劳动报酬发生争议的，劳动者申请仲裁不受本条第一款规定的仲裁时效期间的限制；但是，劳动关系终止的，应当自劳动关系终止之日起一年内提出。

第二十八条　申请人申请仲裁应当提交书面仲裁申请，并按照被申请人人数提交副本。

仲裁申请书应当载明下列事项：

（一）劳动者的姓名、性别、年龄、职业、工作单位和住所，用人单位的名称、住所和法定代表人或者主要负责人的姓名、职务；

（二）仲裁请求和所根据的事实、理由；

（三）证据和证据来源、证人姓名和住所。

书写仲裁申请确有困难的，可以口头申请，由劳动争议仲裁委员会记入笔录，并告知对方当事人。

第二十九条　劳动争议仲裁委员会收到仲裁申请之日起五日内，认为符合受理条件的，应当受理，并通知申请人；认为不符合受理条件的，应当书面通知申请人不予受理，并说明理由。对劳动争议仲裁委员会不予受理或者逾期未作出决定的，申请人可以就该劳动争议事项向人民法院提起诉讼。

第三十条　劳动争议仲裁委员会受理仲裁申请后，应当在五日内将仲裁申请书副本送达被申请人。

被申请人收到仲裁申请书副本后，应当在十日内向劳动争议仲裁委员会提交答辩书。劳动争议仲裁委员会收到答辩书后，应当在五日内将答辩书副本送达申请人。被申请人未提交答辩书的，不影响仲裁程序的进行。

第三节 开庭和裁决

第三十一条 劳动争议仲裁委员会裁决劳动争议案件实行仲裁庭制。仲裁庭由三名仲裁员组成，设首席仲裁员。简单劳动争议案件可以由一名仲裁员独任仲裁。

第三十二条 劳动争议仲裁委员会应当在受理仲裁申请之日起五日内将仲裁庭的组成情况书面通知当事人。

第三十三条 仲裁员有下列情形之一，应当回避，当事人也有权以口头或者书面方式提出回避申请：

（一）是本案当事人或者当事人、代理人的近亲属的；

（二）与本案有利害关系的；

（三）与本案当事人、代理人有其他关系，可能影响公正裁决的；

（四）私自会见当事人、代理人，或者接受当事人、代理人的请客送礼的。

劳动争议仲裁委员会对回避申请应当及时作出决定，并以口头或者书面方式通知当事人。

第三十四条 仲裁员有本法第三十三条第四项规定情形，或者有索贿受贿、徇私舞弊、枉法裁决行为的，应当依法承担法律责任。劳动争议仲裁委员会应当将其解聘。

第三十五条 仲裁庭应当在开庭五日前，将开庭日期、地点书面通知双方当事人。当事人有正当理由的，可以在开庭三日前请求延期开庭。是否延期，由劳动争议仲裁委员会决定。

第三十六条 申请人收到书面通知，无正当理由拒不到庭或者未经仲裁庭同意中途退庭的，可以视为撤回仲裁申请。

被申请人收到书面通知，无正当理由拒不到庭或者未经仲裁庭同意中途退庭的，可以缺席裁决。

第三十七条　仲裁庭对专门性问题认为需要鉴定的，可以交由当事人约定的鉴定机构鉴定；当事人没有约定或者无法达成约定的，由仲裁庭指定的鉴定机构鉴定。

根据当事人的请求或者仲裁庭的要求，鉴定机构应当派鉴定人参加开庭。当事人经仲裁庭许可，可以向鉴定人提问。

第三十八条　当事人在仲裁过程中有权进行质证和辩论。质证和辩论终结时，首席仲裁员或者独任仲裁员应当征询当事人的最后意见。

第三十九条　当事人提供的证据经查证属实的，仲裁庭应当将其作为认定事实的根据。

劳动者无法提供由用人单位掌握管理的与仲裁请求有关的证据，仲裁庭可以要求用人单位在指定期限内提供。用人单位在指定期限内不提供的，应当承担不利后果。

第四十条　仲裁庭应当将开庭情况记入笔录。当事人和其他仲裁参加人认为对自己陈述的记录有遗漏或者差错的，有权申请补正。如果不予补正，应当记录该申请。

笔录由仲裁员、记录人员、当事人和其他仲裁参加人签名或者盖章。

第四十一条　当事人申请劳动争议仲裁后，可以自行和解。达成和解协议的，可以撤回仲裁申请。

第四十二条 仲裁庭在作出裁决前，应当先行调解。

调解达成协议的，仲裁庭应当制作调解书。

调解书应当写明仲裁请求和当事人协议的结果。调解书由仲裁员签名，加盖劳动争议仲裁委员会印章，送达双方当事人。调解书经双方当事人签收后，发生法律效力。

调解不成或者调解书送达前，一方当事人反悔的，仲裁庭应当及时作出裁决。

第四十三条 仲裁庭裁决劳动争议案件，应当自劳动争议仲裁委员会受理仲裁申请之日起四十五日内结束。案情复杂需要延期的，经劳动争议仲裁委员会主任批准，可以延期并书面通知当事人，但是延长期限不得超过十五日。逾期未作出仲裁裁决的，当事人可以就该劳动争议事项向人民法院提起诉讼。

仲裁庭裁决劳动争议案件时，其中一部分事实已经清楚，可以就该部分先行裁决。

第四十四条 仲裁庭对追索劳动报酬、工伤医疗费、经济补偿或者赔偿金的案件，根据当事人的申请，可以裁决先予执行，移送人民法院执行。

仲裁庭裁决先予执行的，应当符合下列条件：

（一）当事人之间权利义务关系明确；

（二）不先予执行将严重影响申请人的生活。

劳动者申请先予执行的，可以不提供担保。

第四十五条 裁决应当按照多数仲裁员的意见作出，少数仲裁员的不同意见应当记入笔录。仲裁庭不能形成多数意见时，裁决应当按照首席仲裁员的意见作出。

第四十六条　裁决书应当载明仲裁请求、争议事实、裁决理由、裁决结果和裁决日期。裁决书由仲裁员签名，加盖劳动争议仲裁委员会印章。对裁决持不同意见的仲裁员，可以签名，也可以不签名。

第四十七条　下列劳动争议，除本法另有规定的外，仲裁裁决为终局裁决，裁决书自作出之日起发生法律效力：

（一）追索劳动报酬、工伤医疗费、经济补偿或者赔偿金，不超过当地月最低工资标准十二个月金额的争议；

（二）因执行国家的劳动标准在工作时间、休息休假、社会保险等方面发生的争议。

第四十八条　劳动者对本法第四十七条规定的仲裁裁决不服的，可以自收到仲裁裁决书之日起十五日内向人民法院提起诉讼。

第四十九条　用人单位有证据证明本法第四十七条规定的仲裁裁决有下列情形之一，可以自收到仲裁裁决书之日起三十日内向劳动争议仲裁委员会所在地的中级人民法院申请撤销裁决：

（一）适用法律、法规确有错误的；

（二）劳动争议仲裁委员会无管辖权的；

（三）违反法定程序的；

（四）裁决所根据的证据是伪造的；

（五）对方当事人隐瞒了足以影响公正裁决的证据的；

（六）仲裁员在仲裁该案时有索贿受贿、徇私舞弊、枉法裁决行为的。

人民法院经组成合议庭审查核实裁决有前款规定情形

之一的，应当裁定撤销。

仲裁裁决被人民法院裁定撤销的，当事人可以自收到裁定书之日起十五日内就该劳动争议事项向人民法院提起诉讼。

第五十条　当事人对本法第四十七条规定以外的其他劳动争议案件的仲裁裁决不服的，可以自收到仲裁裁决书之日起十五日内向人民法院提起诉讼；期满不起诉的，裁决书发生法律效力。

第五十一条　当事人对发生法律效力的调解书、裁决书，应当依照规定的期限履行。一方当事人逾期不履行的，另一方当事人可以依照民事诉讼法的有关规定向人民法院申请执行。受理申请的人民法院应当依法执行。

第四章　附　则

第五十二条　事业单位实行聘用制的工作人员与本单位发生劳动争议的，依照本法执行；法律、行政法规或者国务院另有规定的，依照其规定。

第五十三条　劳动争议仲裁不收费。劳动争议仲裁委员会的经费由财政予以保障。

第五十四条　本法自 2008 年 5 月 1 日起施行。

中华人民共和国民事诉讼法（摘录）

（1991年4月9日第七届全国人民代表大会第四次会议通过　根据2007年10月28日第十届全国人民代表大会常务委员会第三十次会议《关于修改〈中华人民共和国民事诉讼法〉的决定》第一次修正　根据2012年8月31日第十一届全国人民代表大会常务委员会第二十八次会议《关于修改〈中华人民共和国民事诉讼法〉的决定》第二次修正　根据2017年6月27日第十二届全国人民代表大会常务委员会第二十八次会议《关于修改〈中华人民共和国民事诉讼法〉和〈中华人民共和国行政诉讼法〉的决定》第三次修正）

第十二章　第一审普通程序

第一节　起诉和受理

第一百一十九条　起诉必须符合下列条件：

（一）原告是与本案有直接利害关系的公民、法人和其他组织；

（二）有明确的被告；

（三）有具体的诉讼请求和事实、理由；

（四）属于人民法院受理民事诉讼的范围和受诉人民法院管辖。

第一百二十条 起诉应当向人民法院递交起诉状，并按照被告人数提出副本。

书写起诉状确有困难的，可以口头起诉，由人民法院记入笔录，并告知对方当事人。

第一百二十一条 起诉状应当记明下列事项：

（一）原告的姓名、性别、年龄、民族、职业、工作单位、住所、联系方式，法人或者其他组织的名称、住所和法定代表人或者主要负责人的姓名、职务、联系方式；

（二）被告的姓名、性别、工作单位、住所等信息，法人或者其他组织的名称、住所等信息；

（三）诉讼请求和所根据的事实与理由；

（四）证据和证据来源，证人姓名和住所。

第一百二十二条 当事人起诉到人民法院的民事纠纷，适宜调解的，先行调解，但当事人拒绝调解的除外。

第一百二十三条 人民法院应当保障当事人依照法律规定享有的起诉权利。对符合本法第一百一十九条的起诉，必须受理。符合起诉条件的，应当在七日内立案，并通知当事人；不符合起诉条件的，应当在七日内作出裁定书，不予受理；原告对裁定不服的，可以提起上诉。

第一百二十四条 人民法院对下列起诉，分别情形，予以处理：

（一）依照行政诉讼法的规定，属于行政诉讼受案范围的，告知原告提起行政诉讼；

（二）依照法律规定，双方当事人达成书面仲裁协议申请仲裁、不得向人民法院起诉的，告知原告向仲裁机构申请仲裁；

（三）依照法律规定，应当由其他机关处理的争议，告知原告向有关机关申请解决；

（四）对不属于本院管辖的案件，告知原告向有管辖权的人民法院起诉；

（五）对判决、裁定、调解书已经发生法律效力的案件，当事人又起诉的，告知原告申请再审，但人民法院准许撤诉的裁定除外；

（六）依照法律规定，在一定期限内不得起诉的案件，在不得起诉的期限内起诉的，不予受理；

（七）判决不准离婚和调解和好的离婚案件，判决、调解维持收养关系的案件，没有新情况、新理由，原告在六个月内又起诉的，不予受理。

第二节　审理前的准备

第一百二十五条　人民法院应当在立案之日起五日内将起诉状副本发送被告，被告应当在收到之日起十五日内提出答辩状。答辩状应当记明被告的姓名、性别、年龄、民族、职业、工作单位、住所、联系方式；法人或者其他组织的名称、住所和法定代表人或者主要负责人的姓名、职务、联系方式。人民法院应当在收到答辩状之日起五日内将答辩状副本发送原告。

被告不提出答辩状的，不影响人民法院审理。

第一百二十六条　人民法院对决定受理的案件，应当在受理案件通知书和应诉通知书中向当事人告知有关的诉讼权利义务，或者口头告知。

第一百二十七条 人民法院受理案件后，当事人对管辖权有异议的，应当在提交答辩状期间提出。人民法院对当事人提出的异议，应当审查。异议成立的，裁定将案件移送有管辖权的人民法院；异议不成立的，裁定驳回。

当事人未提出管辖异议，并应诉答辩的，视为受诉人民法院有管辖权，但违反级别管辖和专属管辖规定的除外。

第一百二十八条 合议庭组成人员确定后，应当在三日内告知当事人。

第一百二十九条 审判人员必须认真审核诉讼材料，调查收集必要的证据。

第一百三十条 人民法院派出人员进行调查时，应当向被调查人出示证件。

调查笔录经被调查人校阅后，由被调查人、调查人签名或者盖章。

第一百三十一条 人民法院在必要时可以委托外地人民法院调查。

委托调查，必须提出明确的项目和要求。受委托人民法院可以主动补充调查。

受委托人民法院收到委托书后，应当在三十日内完成调查。因故不能完成的，应当在上述期限内函告委托人民法院。

第一百三十二条 必须共同进行诉讼的当事人没有参加诉讼的，人民法院应当通知其参加诉讼。

第一百三十三条 人民法院对受理的案件，分别情形，予以处理：

（一）当事人没有争议，符合督促程序规定条件的，可以转入督促程序；

（二）开庭前可以调解的，采取调解方式及时解决纠纷；

（三）根据案件情况，确定适用简易程序或者普通程序；

（四）需要开庭审理的，通过要求当事人交换证据等方式，明确争议焦点。

第三节　开庭审理

第一百三十四条　人民法院审理民事案件，除涉及国家秘密、个人隐私或者法律另有规定的以外，应当公开进行。

离婚案件，涉及商业秘密的案件，当事人申请不公开审理的，可以不公开审理。

第一百三十五条　人民法院审理民事案件，根据需要进行巡回审理，就地办案。

第一百三十六条　人民法院审理民事案件，应当在开庭三日前通知当事人和其他诉讼参与人。公开审理的，应当公告当事人姓名、案由和开庭的时间、地点。

第一百三十七条　开庭审理前，书记员应当查明当事人和其他诉讼参与人是否到庭，宣布法庭纪律。

开庭审理时，由审判长核对当事人，宣布案由，宣布审判人员、书记员名单，告知当事人有关的诉讼权利义务，询问当事人是否提出回避申请。

第一百三十八条 法庭调查按照下列顺序进行：

（一）当事人陈述；

（二）告知证人的权利义务，证人作证，宣读未到庭的证人证言；

（三）出示书证、物证、视听资料和电子数据；

（四）宣读鉴定意见；

（五）宣读勘验笔录。

第一百三十九条 当事人在法庭上可以提出新的证据。

当事人经法庭许可，可以向证人、鉴定人、勘验人发问。

当事人要求重新进行调查、鉴定或者勘验的，是否准许，由人民法院决定。

第一百四十条 原告增加诉讼请求，被告提出反诉，第三人提出与本案有关的诉讼请求，可以合并审理。

第一百四十一条 法庭辩论按照下列顺序进行：

（一）原告及其诉讼代理人发言；

（二）被告及其诉讼代理人答辩；

（三）第三人及其诉讼代理人发言或者答辩；

（四）互相辩论。

法庭辩论终结，由审判长按照原告、被告、第三人的先后顺序征询各方最后意见。

第一百四十二条 法庭辩论终结，应当依法作出判决。判决前能够调解的，还可以进行调解，调解不成的，应当及时判决。

第一百四十三条　原告经传票传唤，无正当理由拒不到庭的，或者未经法庭许可中途退庭的，可以按撤诉处理；被告反诉的，可以缺席判决。

第一百四十四条　被告经传票传唤，无正当理由拒不到庭的，或者未经法庭许可中途退庭的，可以缺席判决。

第一百四十五条　宣判前，原告申请撤诉的，是否准许，由人民法院裁定。

人民法院裁定不准许撤诉的，原告经传票传唤，无正当理由拒不到庭的，可以缺席判决。

第一百四十六条　有下列情形之一的，可以延期开庭审理：

（一）必须到庭的当事人和其他诉讼参与人有正当理由没有到庭的；

（二）当事人临时提出回避申请的；

（三）需要通知新的证人到庭，调取新的证据，重新鉴定、勘验，或者需要补充调查的；

（四）其他应当延期的情形。

第一百四十七条　书记员应当将法庭审理的全部活动记入笔录，由审判人员和书记员签名。

法庭笔录应当当庭宣读，也可以告知当事人和其他诉讼参与人当庭或者在五日内阅读。当事人和其他诉讼参与人认为对自己的陈述记录有遗漏或者差错的，有权申请补正。如果不予补正，应当将申请记录在案。

法庭笔录由当事人和其他诉讼参与人签名或者盖章。拒绝签名盖章的，记明情况附卷。

第一百四十八条 人民法院对公开审理或者不公开审理的案件，一律公开宣告判决。

当庭宣判的，应当在十日内发送判决书；定期宣判的，宣判后立即发给判决书。

宣告判决时，必须告知当事人上诉权利、上诉期限和上诉的法院。

宣告离婚判决，必须告知当事人在判决发生法律效力前不得另行结婚。

第一百四十九条 人民法院适用普通程序审理的案件，应当在立案之日起六个月内审结。有特殊情况需要延长的，由本院院长批准，可以延长六个月；还需要延长的，报请上级人民法院批准。

第四节 诉讼中止和终结

第一百五十条 有下列情形之一的，中止诉讼：

（一）一方当事人死亡，需要等待继承人表明是否参加诉讼的；

（二）一方当事人丧失诉讼行为能力，尚未确定法定代理人的；

（三）作为一方当事人的法人或者其他组织终止，尚未确定权利义务承受人的；

（四）一方当事人因不可抗拒的事由，不能参加诉讼的；

（五）本案必须以另一案的审理结果为依据，而另一案尚未审结的；

（六）其他应当中止诉讼的情形。

中止诉讼的原因消除后，恢复诉讼。

第一百五十一条　有下列情形之一的，终结诉讼：

（一）原告死亡，没有继承人，或者继承人放弃诉讼权利的；

（二）被告死亡，没有遗产，也没有应当承担义务的人的；

（三）离婚案件一方当事人死亡的；

（四）追索赡养费、扶养费、抚育费以及解除收养关系案件的一方当事人死亡的。

第五节　判决和裁定

第一百五十二条　判决书应当写明判决结果和作出该判决的理由。判决书内容包括：

（一）案由、诉讼请求、争议的事实和理由；

（二）判决认定的事实和理由、适用的法律和理由；

（三）判决结果和诉讼费用的负担；

（四）上诉期间和上诉的法院。

判决书由审判人员、书记员署名，加盖人民法院印章。

第一百五十三条　人民法院审理案件，其中一部分事实已经清楚，可以就该部分先行判决。

第一百五十四条　裁定适用于下列范围：

（一）不予受理；

（二）对管辖权有异议的；

（三）驳回起诉；

（四）保全和先予执行；

（五）准许或者不准许撤诉；

（六）中止或者终结诉讼；

（七）补正判决书中的笔误；

（八）中止或者终结执行；

（九）撤销或者不予执行仲裁裁决；

（十）不予执行公证机关赋予强制执行效力的债权文书；

（十一）其他需要裁定解决的事项。

对前款第一项至第三项裁定，可以上诉。

裁定书应当写明裁定结果和作出该裁定的理由。裁定书由审判人员、书记员署名，加盖人民法院印章。口头裁定的，记入笔录。

第一百五十五条 最高人民法院的判决、裁定，以及依法不准上诉或者超过上诉期没有上诉的判决、裁定，是发生法律效力的判决、裁定。

第一百五十六条 公众可以查阅发生法律效力的判决书、裁定书，但涉及国家秘密、商业秘密和个人隐私的内容除外。

第十三章 简易程序

第一百五十七条 基层人民法院和它派出的法庭审理事实清楚、权利义务关系明确、争议不大的简单的民事案件，适用本章规定。

基层人民法院和它派出的法庭审理前款规定以外的民

事案件，当事人双方也可以约定适用简易程序。

第一百五十八条　对简单的民事案件，原告可以口头起诉。

当事人双方可以同时到基层人民法院或者它派出的法庭，请求解决纠纷。基层人民法院或者它派出的法庭可以当即审理，也可以另定日期审理。

第一百五十九条　基层人民法院和它派出的法庭审理简单的民事案件，可以用简便方式传唤当事人和证人、送达诉讼文书、审理案件，但应当保障当事人陈述意见的权利。

第一百六十条　简单的民事案件由审判员一人独任审理，并不受本法第一百三十六条、第一百三十八条、第一百四十一条规定的限制。

第一百六十一条　人民法院适用简易程序审理案件，应当在立案之日起三个月内审结。

第一百六十二条　基层人民法院和它派出的法庭审理符合本法第一百五十七条第一款规定的简单的民事案件，标的额为各省、自治区、直辖市上年度就业人员年平均工资百分之三十以下的，实行一审终审。

第一百六十三条　人民法院在审理过程中，发现案件不宜适用简易程序的，裁定转为普通程序。

第十四章　第二审程序

第一百六十四条　当事人不服地方人民法院第一审判决的，有权在判决书送达之日起十五日内向上一级人民法院提起上诉。

当事人不服地方人民法院第一审裁定的，有权在裁定书送达之日起十日内向上一级人民法院提起上诉。

第一百六十五条 上诉应当递交上诉状。上诉状的内容，应当包括当事人的姓名，法人的名称及其法定代表人的姓名或者其他组织的名称及其主要负责人的姓名；原审人民法院名称、案件的编号和案由；上诉的请求和理由。

第一百六十六条 上诉状应当通过原审人民法院提出，并按照对方当事人或者代表人的人数提出副本。

当事人直接向第二审人民法院上诉的，第二审人民法院应当在五日内将上诉状移交原审人民法院。

第一百六十七条 原审人民法院收到上诉状，应当在五日内将上诉状副本送达对方当事人，对方当事人在收到之日起十五日内提出答辩状。人民法院应当在收到答辩状之日起五日内将副本送达上诉人。对方当事人不提出答辩状的，不影响人民法院审理。

原审人民法院收到上诉状、答辩状，应当在五日内连同全部案卷和证据，报送第二审人民法院。

第一百六十八条 第二审人民法院应当对上诉请求的有关事实和适用法律进行审查。

第一百六十九条 第二审人民法院对上诉案件，应当组成合议庭，开庭审理。经过阅卷、调查和询问当事人，对没有提出新的事实、证据或者理由，合议庭认为不需要开庭审理的，可以不开庭审理。

第二审人民法院审理上诉案件，可以在本院进行，也可以到案件发生地或者原审人民法院所在地进行。

第一百七十条　第二审人民法院对上诉案件，经过审理，按照下列情形，分别处理：

（一）原判决、裁定认定事实清楚，适用法律正确的，以判决、裁定方式驳回上诉，维持原判决、裁定；

（二）原判决、裁定认定事实错误或者适用法律错误的，以判决、裁定方式依法改判、撤销或者变更；

（三）原判决认定基本事实不清的，裁定撤销原判决，发回原审人民法院重审，或者查清事实后改判；

（四）原判决遗漏当事人或者违法缺席判决等严重违反法定程序的，裁定撤销原判决，发回原审人民法院重审。

原审人民法院对发回重审的案件作出判决后，当事人提起上诉的，第二审人民法院不得再次发回重审。

第一百七十一条　第二审人民法院对不服第一审人民法院裁定的上诉案件的处理，一律使用裁定。

第一百七十二条　第二审人民法院审理上诉案件，可以进行调解。调解达成协议，应当制作调解书，由审判人员、书记员署名，加盖人民法院印章。调解书送达后，原审人民法院的判决即视为撤销。

第一百七十三条　第二审人民法院判决宣告前，上诉人申请撤回上诉的，是否准许，由第二审人民法院裁定。

第一百七十四条　第二审人民法院审理上诉案件，除依照本章规定外，适用第一审普通程序。

第一百七十五条　第二审人民法院的判决、裁定，是终审的判决、裁定。

第一百七十六条 人民法院审理对判决的上诉案件，应当在第二审立案之日起三个月内审结。有特殊情况需要延长的，由本院院长批准。

人民法院审理对裁定的上诉案件，应当在第二审立案之日起三十日内作出终审裁定。

企业劳动争议协商调解规定

（2011年11月30日中华人民共和国
人力资源和社会保障部令第17号公布）

第一章 总 则

第一条 为规范企业劳动争议协商、调解行为，促进劳动关系和谐稳定，根据《中华人民共和国劳动争议调解仲裁法》，制定本规定。

第二条 企业劳动争议协商、调解，适用本规定。

第三条 企业应当依法执行职工大会、职工代表大会、厂务公开等民主管理制度，建立集体协商、集体合同制度，维护劳动关系和谐稳定。

第四条 企业应当建立劳资双方沟通对话机制，畅通劳动者利益诉求表达渠道。

劳动者认为企业在履行劳动合同、集体合同，执行劳动保障法律、法规和企业劳动规章制度等方面存在问题的，可以向企业劳动争议调解委员会（以下简称调解委员会）提出。调解委员会应当及时核实情况，协调企业进行整改或者向劳动者做出说明。

劳动者也可以通过调解委员会向企业提出其他合理诉

求。调解委员会应当及时向企业转达，并向劳动者反馈情况。

第五条 企业应当加强对劳动者的人文关怀，关心劳动者的诉求，关注劳动者的心理健康，引导劳动者理性维权，预防劳动争议发生。

第六条 协商、调解劳动争议，应当根据事实和有关法律法规的规定，遵循平等、自愿、合法、公正、及时的原则。

第七条 人力资源和社会保障行政部门应当指导企业开展劳动争议预防调解工作，具体履行下列职责：

（一）指导企业遵守劳动保障法律、法规和政策；

（二）督促企业建立劳动争议预防预警机制；

（三）协调工会、企业代表组织建立企业重大集体性劳动争议应急调解协调机制，共同推动企业劳动争议预防调解工作；

（四）检查辖区内调解委员会的组织建设、制度建设和队伍建设情况。

第二章 协 商

第八条 发生劳动争议，一方当事人可以通过与另一方当事人约见、面谈等方式协商解决。

第九条 劳动者可以要求所在企业工会参与或者协助其与企业进行协商。工会也可以主动参与劳动争议的协商处理，维护劳动者合法权益。

劳动者可以委托其他组织或者个人作为其代表进行

协商。

第十条　一方当事人提出协商要求后，另一方当事人应当积极做出口头或者书面回应。5 日内不做出回应的，视为不愿协商。

协商的期限由当事人书面约定，在约定的期限内没有达成一致的，视为协商不成。当事人可以书面约定延长期限。

第十一条　协商达成一致，应当签订书面和解协议。和解协议对双方当事人具有约束力，当事人应当履行。

经仲裁庭审查，和解协议程序和内容合法有效的，仲裁庭可以将其作为证据使用。但是，当事人为达成和解的目的作出妥协所涉及的对争议事实的认可，不得在其后的仲裁中作为对其不利的证据。

第十二条　发生劳动争议，当事人不愿协商、协商不成或者达成和解协议后，一方当事人在约定的期限内不履行和解协议的，可以依法向调解委员会或者乡镇、街道劳动就业社会保障服务所（中心）等其他依法设立的调解组织申请调解，也可以依法向劳动人事争议仲裁委员会（以下简称仲裁委员会）申请仲裁。

第三章　调　解

第十三条　大中型企业应当依法设立调解委员会，并配备专职或者兼职工作人员。

有分公司、分店、分厂的企业，可以根据需要在分支机构设立调解委员会。总部调解委员会指导分支机构调解委员会开展劳动争议预防调解工作。

调解委员会可以根据需要在车间、工段、班组设立调解小组。

第十四条 小微型企业可以设立调解委员会，也可以由劳动者和企业共同推举人员，开展调解工作。

第十五条 调解委员会由劳动者代表和企业代表组成，人数由双方协商确定，双方人数应当对等。劳动者代表由工会委员会成员担任或者由全体劳动者推举产生，企业代表由企业负责人指定。调解委员会主任由工会委员会成员或者双方推举的人员担任。

第十六条 调解委员会履行下列职责：

（一）宣传劳动保障法律、法规和政策；

（二）对本企业发生的劳动争议进行调解；

（三）监督和解协议、调解协议的履行；

（四）聘任、解聘和管理调解员；

（五）参与协调履行劳动合同、集体合同、执行企业劳动规章制度等方面出现的问题；

（六）参与研究涉及劳动者切身利益的重大方案；

（七）协助企业建立劳动争议预防预警机制。

第十七条 调解员履行下列职责：

（一）关注本企业劳动关系状况，及时向调解委员会报告；

（二）接受调解委员会指派，调解劳动争议案件；

（三）监督和解协议、调解协议的履行；

（四）完成调解委员会交办的其他工作。

第十八条　调解员应当公道正派、联系群众、热心调解工作，具有一定劳动保障法律政策知识和沟通协调能力。调解员由调解委员会聘任的本企业工作人员担任，调解委员会成员均为调解员。

第十九条　调解员的聘期至少为1年，可以续聘。调解员不能履行调解职责时，调解委员会应当及时调整。

第二十条　调解员依法履行调解职责，需要占用生产或者工作时间的，企业应当予以支持，并按照正常出勤对待。

第二十一条　发生劳动争议，当事人可以口头或者书面形式向调解委员会提出调解申请。

申请内容应当包括申请人基本情况、调解请求、事实与理由。

口头申请的，调解委员会应当当场记录。

第二十二条　调解委员会接到调解申请后，对属于劳动争议受理范围且双方当事人同意调解的，应当在3个工作日内受理。对不属于劳动争议受理范围或者一方当事人不同意调解的，应当做好记录，并书面通知申请人。

第二十三条　发生劳动争议，当事人没有提出调解申请，调解委员会可以在征得双方当事人同意后主动调解。

第二十四条　调解委员会调解劳动争议一般不公开进行。但是，双方当事人要求公开调解的除外。

第二十五条　调解委员会根据案件情况指定调解员或者调解小组进行调解，在征得当事人同意后，也可以邀请有关单位和个人协助调解。

调解员应当全面听取双方当事人的陈述，采取灵活多样的方式方法，开展耐心、细致的说服疏导工作，帮助当事人自愿达成调解协议。

第二十六条 经调解达成调解协议的，由调解委员会制作调解协议书。调解协议书应当写明双方当事人基本情况、调解请求事项、调解的结果和协议履行期限、履行方式等。

调解协议书由双方当事人签名或者盖章，经调解员签名并加盖调解委员会印章后生效。

调解协议书一式三份，双方当事人和调解委员会各执一份。

第二十七条 生效的调解协议对双方当事人具有约束力，当事人应当履行。

双方当事人可以自调解协议生效之日起 15 日内共同向仲裁委员会提出仲裁审查申请。仲裁委员会受理后，应当对调解协议进行审查，并根据《劳动人事争议仲裁办案规则》第五十四条规定，对程序和内容合法有效的调解协议，出具调解书。

第二十八条 双方当事人未按前条规定提出仲裁审查申请，一方当事人在约定的期限内不履行调解协议的，另一方当事人可以依法申请仲裁。

仲裁委员会受理仲裁申请后，应当对调解协议进行审查，调解协议合法有效且不损害公共利益或者第三人合法利益的，在没有新证据出现的情况下，仲裁委员会可以依据调解协议作出仲裁裁决。

第二十九条　调解委员会调解劳动争议，应当自受理调解申请之日起 15 日内结束。但是，双方当事人同意延期的可以延长。

在前款规定期限内未达成调解协议的，视为调解不成。

第三十条　当事人不愿调解、调解不成或者达成调解协议后，一方当事人在约定的期限内不履行调解协议的，调解委员会应当做好记录，由双方当事人签名或者盖章，并书面告知当事人可以向仲裁委员会申请仲裁。

第三十一条　有下列情形之一的，按照《劳动人事争议仲裁办案规则》第十条的规定属于仲裁时效中断，从中断时起，仲裁时效期间重新计算：

（一）一方当事人提出协商要求后，另一方当事人不同意协商或者在 5 日内不做出回应的；

（二）在约定的协商期限内，一方或者双方当事人不同意继续协商的；

（三）在约定的协商期限内未达成一致的；

（四）达成和解协议后，一方或者双方当事人在约定的期限内不履行和解协议的；

（五）一方当事人提出调解申请后，另一方当事人不同意调解的；

（六）调解委员会受理调解申请后，在第二十九条规定的期限内一方或者双方当事人不同意调解的；

（七）在第二十九条规定的期限内未达成调解协议的；

（八）达成调解协议后，一方当事人在约定期限内不履行调解协议的。

第三十二条 调解委员会应当建立健全调解登记、调解记录、督促履行、档案管理、业务培训、统计报告、工作考评等制度。

第三十三条 企业应当支持调解委员会开展调解工作，提供办公场所，保障工作经费。

第三十四条 企业未按照本规定成立调解委员会，劳动争议或者群体性事件频发，影响劳动关系和谐，造成重大社会影响的，由县级以上人力资源和社会保障行政部门予以通报；违反法律法规规定的，依法予以处理。

第三十五条 调解员在调解过程中存在严重失职或者违法违纪行为，侵害当事人合法权益的，调解委员会应当予以解聘。

第四章 附 则

第三十六条 民办非企业单位、社会团体开展劳动争议协商、调解工作参照本规定执行。

第三十七条 本规定自2012年1月1日起施行。

最高人民法院关于审理劳动争议案件适用法律若干问题的解释（一）

（法释〔2001〕14号　2001年3月22日）

为正确审理劳动争议案件，根据《中华人民共和国劳动法》（以下简称《劳动法》）和《中华人民共和国民事诉讼法》（以下简称《民事诉讼法》）等相关法律之规定，就适用法律的若干问题，作如下解释。

第一条　劳动者与用人单位之间发生的下列纠纷，属于《劳动法》第二条规定的劳动争议，当事人不服劳动争议仲裁委员会作出的裁决，依法向人民法院起诉的，人民法院应当受理：

（一）劳动者与用人单位在履行劳动合同过程中发生的纠纷；

（二）劳动者与用人单位之间没有订立书面劳动合同，但已形成劳动关系后发生的纠纷；

（三）劳动者退休后，与尚未参加社会保险统筹的原用人单位因追索养老金、医疗费、工伤保险待遇和其他社会保险费而发生的纠纷。

第二条　劳动争议仲裁委员会以当事人申请仲裁的事

项不属于劳动争议为由，作出不予受理的书面裁决、决定或者通知，当事人不服，依法向人民法院起诉的，人民法院应当分别情况予以处理：

（一）属于劳动争议案件的，应当受理；

（二）虽不属于劳动争议案件，但属于人民法院主管的其他案件，应当依法受理。

第三条 劳动争议仲裁委员会根据《劳动法》第八十二条之规定，以当事人的仲裁申请超过六十日期限为由，作出不予受理的书面裁决、决定或者通知，当事人不服，依法向人民法院起诉的，人民法院应当受理；对确已超过仲裁申请期限，又无不可抗力或者其他正当理由的，依法驳回其诉讼请求。

第四条 劳动争议仲裁委员会以申请仲裁的主体不适格为由，作出不予受理的书面裁决、决定或者通知，当事人不服，依法向人民法院起诉的，经审查，确属主体不适格的，裁定不予受理或者驳回起诉。

第五条 劳动争议仲裁委员会为纠正原仲裁裁决错误重新作出裁决，当事人不服，依法向人民法院起诉的，人民法院应当受理。

第六条 人民法院受理劳动争议案件后，当事人增加诉讼请求的，如该诉讼请求与讼争的劳动争议具有不可分性，应当合并审理；如属独立的劳动争议，应当告知当事人向劳动争议仲裁委员会申请仲裁。

第七条 劳动争议仲裁委员会仲裁的事项不属于人民法院受理的案件范围，当事人不服，依法向人民法院起诉的，裁定不予受理或者驳回起诉。

第八条 劳动争议案件由用人单位所在地或者劳动合同履行地的基层人民法院管辖。

劳动合同履行地不明确的，由用人单位所在地的基层人民法院管辖。

第九条当事人双方不服劳动争议仲裁委员会作出的同一仲裁裁决，均向同一人民法院起诉的，先起诉的一方当事人为原告，但对双方的诉讼请求，人民法院应当一并作出裁决。

当事人双方就同一仲裁裁决分别向有管辖权的人民法院起诉的，后受理的人民法院应当将案件移送给先受理的人民法院。

第十条 用人单位与其它单位合并的，合并前发生的劳动争议，由合并后的单位为当事人；用人单位分立为若干单位的，其分立前发生的劳动争议，由分立后的实际用人单位为当事人。

用人单位分立为若干单位后，对承受劳动权利义务的单位不明确的，分立后的单位均为当事人。

第十一条 用人单位招用尚未解除劳动合同的劳动者，原用人单位与劳动者发生的劳动争议，可以列新的用人单位为第三人。

原用人单位以新的用人单位侵权为由向人民法院起诉的，可以列劳动者为第三人。

原用人单位以新的用人单位和劳动者共同侵权为由向人民法院起诉的，新的用人单位和劳动者列为共同被告。

第十二条 劳动者在用人单位与其他平等主体之间的承包经营期间，与发包方和承包方双方或者一方发生劳动争议，依法向人民法院起诉的，应当将承包方和发包方作为当事人。

第十三条 因用人单位作出的开除、除名、辞退、解除劳动合同、减少劳动报酬、计算劳动者工作年限等决定而发生的劳动争议，用人单位负举证责任。

第十四条 劳动合同被确认为无效后，用人单位对劳动者付出的劳动，一般可参照本单位同期、同工种、同岗位的工资标准支付劳动报酬。

根据《劳动法》第九十七条之规定，由于用人单位的原因订立的无效合同，给劳动者造成损害的，应当比照违反和解除劳动合同经济补偿金的支付标准，赔偿劳动者因合同无效所造成的经济损失。

第十五条 用人单位有下列情形之一，迫使劳动者提出解除劳动合同的，用人单位应当支付劳动者的劳动报酬和经济补偿，并可支付赔偿金：

（一）以暴力、威胁或者非法限制人身自由的手段强迫劳动的；

（二）未按照劳动合同约定支付劳动报酬或者提供劳动条件的；

（三）克扣或者无故拖欠劳动者工资的；

（四）拒不支付劳动者延长工作时间工资报酬的；

（五）低于当地最低工资标准支付劳动者工资的。

第十六条 劳动合同期满后，劳动者仍在原用人单位工作，原用人单位未表示异议的，视为双方同意以原条件继续履行劳动合同。一方提出终止劳动关系的，人民法院应当支持。

根据《劳动法》第二十条之规定，用人单位应当与劳动者签订无固定期限劳动合同而未签订的，人民法院可以视为双方之间存在无固定期限劳动合同关系，并以原劳动合同确定双方的权利义务关系。

第十七条 劳动争议仲裁委员会作出仲裁裁决后，当事人对裁决中的部分事项不服，依法向人民法院起诉的，劳动争议仲裁裁决不发生法律效力。

第十八条 劳动争议仲裁委员会对多个劳动者的劳动争议作出仲裁裁决后，部分劳动者对仲裁裁决不服，依法向人民法院起诉的，仲裁裁决对提出起诉的劳动者不发生法律效力；对未提出起诉的部分劳动者，发生法律效力，如其申请执行的，人民法院应当受理。

第十九条 用人单位根据《劳动法》第四条之规定，通过民主程序制定的规章制度，不违反国家法律、行政法规及政策规定，并已向劳动者公示的，可以作为人民法院审理劳动争议案件的依据。

第二十条 用人单位对劳动者作出的开除、除名、辞退等处理，或者因其他原因解除劳动合同确有错误的，人民法院可以依法判决予以撤销。

对于追索劳动报酬、养老金、医疗费以及工伤保险待遇、经济补偿金、培训费及其他相关费用等案件，给付数额不当的，人民法院可以予以变更。

第二十一条 当事人申请人民法院执行劳动争议仲裁机构作出的发生法律效力的裁决书、调解书，被申请人提出证据证明劳动争议仲裁裁决书、调解书有下列情形之一，并经审查核实的，人民法院可以根据《民事诉讼法》第二百一十七条之规定，裁定不予执行：

（一）裁决的事项不属于劳动争议仲裁范围，或者劳动争议仲裁机构无权仲裁的；

（二）适用法律确有错误的；

（三）仲裁员仲裁该案时，有徇私舞弊、枉法裁决行为的；

（四）人民法院认定执行该劳动争议仲裁裁决违背社会公共利益的。

人民法院在不予执行的裁定书中，应当告知当事人在收到裁定书之次日起三十日内，可以就该劳动争议事项向人民法院起诉。

最高人民法院关于审理劳动争议案件适用法律若干问题的解释（二）

（法释〔2006〕6号　2006年8月14日）

为正确审理劳动争议案件，根据《中华人民共和国劳动法》、《中华人民共和国民事诉讼法》等相关法律规定，结合民事审判实践，对人民法院审理劳动争议案件适用法律的若干问题补充解释如下：

第一条　人民法院审理劳动争议案件，对下列情形，视为劳动法第八十二条规定的“劳动争议发生之日”：

（一）在劳动关系存续期间产生的支付工资争议，用人单位能够证明已经书面通知劳动者拒付工资的，书面通知送达之日为劳动争议发生之日。用人单位不能证明的，劳动者主张权利之日为劳动争议发生之日。

（二）因解除或者终止劳动关系产生的争议，用人单位不能证明劳动者收到解除或者终止劳动关系书面通知时间的，劳动者主张权利之日为劳动争议发生之日。

（三）劳动关系解除或者终止后产生的支付工资、经济补偿金、福利待遇等争议，劳动者能够证明用人单位承诺支付的时间为解除或者终止劳动关系后的具体日期的，用人单位承诺支付之日为劳动争议发生之日。劳动者不能证明的，解除或者终止劳动关系之日为劳动争议发生之日。

第二条 拖欠工资争议，劳动者申请仲裁时劳动关系仍然存续，用人单位以劳动者申请仲裁超过六十日为由主张不再支付的，人民法院不予支持。但用人单位能够证明劳动者已经收到拒付工资的书面通知的除外。

第三条 劳动者以用人单位的工资欠条为证据直接向人民法院起诉，诉讼请求不涉及劳动关系其他争议的，视为拖欠劳动报酬争议，按照普通民事纠纷受理。

第四条 用人单位和劳动者因劳动关系是否已经解除或者终止，以及应否支付解除或终止劳动关系经济补偿金产生的争议，经劳动争议仲裁委员会仲裁后，当事人依法起诉的，人民法院应予受理。

第五条 劳动者与用人单位解除或者终止劳动关系后，请求用人单位返还其收取的劳动合同定金、保证金、抵押金、抵押物产生的争议，或者办理劳动者的人事档案、社会保险关系等移转手续产生的争议，经劳动争议仲裁委员会仲裁后，当事人依法起诉的，人民法院应予受理。

第六条 劳动者因为工伤、职业病，请求用人单位依法承担给予工伤保险待遇的争议，经劳动争议仲裁委员会仲裁后，当事人依法起诉的，人民法院应予受理。

第七条 下列纠纷不属于劳动争议：

（一）劳动者请求社会保险经办机构发放社会保险金的纠纷；

（二）劳动者与用人单位因住房制度改革产生的公有住

房转让纠纷；

（三）劳动者对劳动能力鉴定委员会的伤残等级鉴定结论或者对职业病诊断鉴定委员会的职业病诊断鉴定结论的异议纠纷；

（四）家庭或者个人与家政服务人员之间的纠纷；

（五）个体工匠与帮工、学徒之间的纠纷；

（六）农村承包经营户与受雇人之间的纠纷。

第八条　当事人不服劳动争议仲裁委员会作出的预先支付劳动者部分工资或者医疗费用的裁决，向人民法院起诉的，人民法院不予受理。

用人单位不履行上述裁决中的给付义务，劳动者依法向人民法院申请强制执行的，人民法院应予受理。

第九条　劳动者与起有字号的个体工商户产生的劳动争议诉讼，人民法院应当以营业执照上登记的字号为当事人，但应同时注明该字号业主的自然情况。

第十条　劳动者因履行劳动力派遣合同产生劳动争议而起诉，以派遣单位为被告；争议内容涉及接受单位的，以派遣单位和接受单位为共同被告。

第十一条　劳动者和用人单位均不服劳动争议仲裁委员会的同一裁决，向同一人民法院起诉的，人民法院应当并案审理，双方当事人互为原告和被告。在诉讼过程中，一方当事人撤诉的，人民法院应当根据另一方当事人的诉讼请求继续审理。

第十二条　当事人能够证明在申请仲裁期间内因不可抗力或者其他客观原因无法申请仲裁的，人民法院应当认定申请仲裁期间中止，从中止的原因消灭之次日起，申请仲裁期间连续计算。

第十三条 当事人能够证明在申请仲裁期间内具有下列情形之一的，人民法院应当认定申请仲裁期间中断：

（一）向对方当事人主张权利；

（二）向有关部门请求权利救济；

（三）对方当事人同意履行义务。

申请仲裁期间中断的，从对方当事人明确拒绝履行义务，或者有关部门作出处理决定或明确表示不予处理时起，申请仲裁期间重新计算。

第十四条 在诉讼过程中，劳动者向人民法院申请采取财产保全措施，人民法院经审查认为申请人经济确有困难，或有证据证明用人单位存在欠薪逃匿可能的，应当减轻或者免除劳动者提供担保的义务，及时采取保全措施。

第十五条 人民法院作出的财产保全裁定中，应当告知当事人在劳动仲裁机构的裁决书或者在人民法院的裁判文书生效后三个月内申请强制执行。逾期不申请的，人民法院应当裁定解除保全措施。

第十六条 用人单位制定的内部规章制度与集体合同或者劳动合同约定的内容不一致，劳动者请求优先适用合同约定的，人民法院应予支持。

第十七条 当事人在劳动争议调解委员会主持下达成的具有劳动权利义务内容的调解协议，具有劳动合同的约束力，可以作为人民法院裁判的根据。

当事人在劳动争议调解委员会主持下仅就劳动报酬争

议达成调解协议，用人单位不履行调解协议确定的给付义务，劳动者直接向人民法院起诉的，人民法院可以按照普通民事纠纷受理。

第十八条　本解释自二〇〇六年十月一日起施行。本解释施行前本院颁布的有关司法解释与本解释规定不一致的，以本解释的规定为准。

本解释施行后，人民法院尚未审结的一审、二审案件适用本解释。本解释施行前已经审结的案件，不得适用本解释的规定进行再审。

最高人民法院关于审理劳动争议案件适用法律若干问题的解释（三）

（法释〔2010〕12号　2010年9月13日）

为正确审理劳动争议案件，根据《中华人民共和国劳动法》、《中华人民共和国劳动合同法》、《中华人民共和国劳动争议调解仲裁法》、《中华人民共和国民事诉讼法》等相关法律规定，结合民事审判实践，特作如下解释。

第一条　劳动者以用人单位未为其办理社会保险手续，且社会保险经办机构不能补办导致其无法享受社会保险待遇为由，要求用人单位赔偿损失而发生争议的，人民法院应予受理。

第二条　因企业自主进行改制引发的争议，人民法院应予受理。

第三条　劳动者依据劳动合同法第八十五条规定，向人民法院提起诉讼，要求用人单位支付加付赔偿金的，人民法院应予受理。

第四条　劳动者与未办理营业执照、营业执照被吊销或者营业期限届满仍继续经营的用人单位发生争议的，应当将用人单位或者其出资人列为当事人。

第五条 未办理营业执照、营业执照被吊销或者营业期限届满仍继续经营的用人单位，以挂靠等方式借用他人营业执照经营的，应当将用人单位和营业执照出借方列为当事人。

第六条 当事人不服劳动人事争议仲裁委员会作出的仲裁裁决，依法向人民法院提起诉讼，人民法院审查认为仲裁裁决遗漏了必须共同参加仲裁的当事人的，应当依法追加遗漏的人为诉讼当事人。

被追加的当事人应当承担责任的，人民法院应当一并处理。

第七条 用人单位与其招用的已经依法享受养老保险待遇或领取退休金的人员发生用工争议，向人民法院提起诉讼的，人民法院应当按劳务关系处理。

第八条 企业停薪留职人员、未达到法定退休年龄的内退人员、下岗待岗人员以及企业经营性停产放长假人员，因与新的用人单位发生用工争议，依法向人民法院提起诉讼的，人民法院应当按劳动关系处理。

第九条 劳动者主张加班费的，应当就加班事实的存在承担举证责任。但劳动者有证据证明用人单位掌握加班事实存在的证据，用人单位不提供的，由用人单位承担不利后果。

第十条 劳动者与用人单位就解除或者终止劳动合同办理相关手续、支付工资报酬、加班费、经济补偿或者赔偿金等达成的协议，不违反法律、行政法规的强制性规定，且不存在欺诈、胁迫或者乘人之危情形的，应当认定有效。

前款协议存在重大误解或者显失公平情形，当事人请求撤销的，人民法院应予支持。

第十一条 劳动人事争议仲裁委员会作出的调解书已经发生法律效力，一方当事人反悔提起诉讼的，人民法院不予受理；已经受理的，裁定驳回起诉。

第十二条 劳动人事争议仲裁委员会逾期未作出受理决定或仲裁裁决，当事人直接提起诉讼的，人民法院应予受理，但申请仲裁的案件存在下列事由的除外：

（一）移送管辖的；

（二）正在送达或送达延误的；

（三）等待另案诉讼结果、评残结论的；

（四）正在等待劳动人事争议仲裁委员会开庭的；

（五）启动鉴定程序或者委托其他部门调查取证的；

（六）其他正当事由。

当事人以劳动人事争议仲裁委员会逾期未作出仲裁裁决为由提起诉讼的，应当提交劳动人事争议仲裁委员会出具的受理通知书或者其他已接受仲裁申请的凭证或证明。

第十三条 劳动者依据调解仲裁法第四十七条第（一）项规定，追索劳动报酬、工伤医疗费、经济补偿或者赔偿金，如果仲裁裁决涉及数项，每项确定的数额均不超过当地月最低工资标准十二个月金额的，应当按照终局裁决处理。

第十四条 劳动人事争议仲裁委员会作出的同一仲裁裁决同时包含终局裁决事项和非终局裁决事项，当事人不服该仲裁裁决向人民法院提起诉讼的，应当按照非终局裁决处理。

第十五条　劳动者依据调解仲裁法第四十八条规定向基层人民法院提起诉讼，用人单位依据调解仲裁法第四十九条规定向劳动人事争议仲裁委员会所在地的中级人民法院申请撤销仲裁裁决的，中级人民法院应不予受理；已经受理的，应当裁定驳回申请。

被人民法院驳回起诉或者劳动者撤诉的，用人单位可以自收到裁定书之日起三十日内，向劳动人事争议仲裁委员会所在地的中级人民法院申请撤销仲裁裁决。

第十六条　用人单位依照调解仲裁法第四十九条规定向中级人民法院申请撤销仲裁裁决，中级人民法院作出的驳回申请或者撤销仲裁裁决的裁定为终审裁定。

第十七条　劳动者依据劳动合同法第三十条第二款和调解仲裁法第十六条规定向人民法院申请支付令，符合民事诉讼法第十七章督促程序规定的，人民法院应予受理。

依据劳动合同法第三十条第二款规定申请支付令被人民法院裁定终结督促程序后，劳动者就劳动争议事项直接向人民法院起诉的，人民法院应当告知其先向劳动人事争议仲裁委员会申请仲裁。

依据调解仲裁法第十六条规定申请支付令被人民法院裁定终结督促程序后，劳动者依据调解协议直接向人民法院提起诉讼的，人民法院应予受理。

第十八条　劳动人事争议仲裁委员会作出终局裁决，劳动者向人民法院申请执行，用人单位向劳动人事争议仲裁委员会所在地的中级人民法院申请撤销的，人民法院应当裁定中止执行。

用人单位撤回撤销终局裁决申请或者其申请被驳回的，人民法院应当裁定恢复执行。仲裁裁决被撤销的，人民法院应当裁定终结执行。

用人单位向人民法院申请撤销仲裁裁决被驳回后，又在执行程序中以相同理由提出不予执行抗辩的，人民法院不予支持。

最高人民法院关于审理劳动争议案件适用法律若干问题的解释（四）

（法释〔2013〕4号　2012年12月31日）

为正确审理劳动争议案件，根据《中华人民共和国劳动法》《中华人民共和国劳动合同法》《中华人民共和国劳动争议调解仲裁法》《中华人民共和国民事诉讼法》等相关法律规定，结合民事审判实践，就适用法律的若干问题，作如下解释：

第一条　劳动人事争议仲裁委员会以无管辖权为由对劳动争议案件不予受理，当事人提起诉讼的，人民法院按照以下情形分别处理：

（一）经审查认为该劳动人事争议仲裁委员会对案件确无管辖权的，应当告知当事人向有管辖权的劳动人事争议仲裁委员会申请仲裁；

（二）经审查认为该劳动人事争议仲裁委员会有管辖权的，应当告知当事人申请仲裁，并将审查意见书面通知该劳动人事争议仲裁委员会，劳动人事争议仲裁委员会仍不受理，当事人就该劳动争议事项提起诉讼的，应予受理。

第二条　仲裁裁决的类型以仲裁裁决书确定为准。

仲裁裁决书未载明该裁决为终局裁决或非终局裁决，用人单位不服该仲裁裁决向基层人民法院提起诉讼的，应当按照以下情形分别处理：

（一）经审查认为该仲裁裁决为非终局裁决的，基层人民法院应予受理；

（二）经审查认为该仲裁裁决为终局裁决的，基层人民法院不予受理，但应告知用人单位可以自收到不予受理裁定书之日起三十日内向劳动人事争议仲裁委员会所在地的中级人民法院申请撤销该仲裁裁决；已经受理的，裁定驳回起诉。

第三条 中级人民法院审理用人单位申请撤销终局裁决的案件，应当组成合议庭开庭审理。经过阅卷、调查和询问当事人，对没有新的事实、证据或者理由，合议庭认为不需要开庭审理的，可以不开庭审理。

中级人民法院可以组织双方当事人调解。达成调解协议的，可以制作调解书。一方当事人逾期不履行调解协议的，另一方可以申请人民法院强制执行。

第四条 当事人在人民调解委员会主持下仅就给付义务达成的调解协议，双方认为有必要的，可以共同向人民调解委员会所在地的基层人民法院申请司法确认。

第五条 劳动者非因本人原因从原用人单位被安排到新用人单位工作，原用人单位未支付经济补偿，劳动者依照劳动合同法第三十八条规定与新用人单位解除劳动合同，或者新用人单位向劳动者提出解除、终止劳动合同，在计算支付经济补偿或赔偿金的工作年限时，劳动者请求把在原用人单位的工作年限合并计算为新用人单位工作年限的，人民法院应予支持。

用人单位符合下列情形之一的，应当认定属于“劳动者非因本人原因从原用人单位被安排到新用人单位工作”：

（一）劳动者仍在原工作场所、工作岗位工作，劳动合同主体由原用人单位变更为新用人单位；

（二）用人单位以组织委派或任命形式对劳动者进行工作调动；

（三）因用人单位合并、分立等原因导致劳动者工作调动；

（四）用人单位及其关联企业与劳动者轮流订立劳动合同；

（五）其他合理情形。

第六条　当事人在劳动合同或者保密协议中约定了竞业限制，但未约定解除或者终止劳动合同后给予劳动者经济补偿，劳动者履行了竞业限制义务，要求用人单位按照劳动者在劳动合同解除或者终止前十二个月平均工资的30%按月支付经济补偿的，人民法院应予支持。

前款规定的月平均工资的30%低于劳动合同履行地最低工资标准的，按照劳动合同履行地最低工资标准支付。

第七条　当事人在劳动合同或者保密协议中约定了竞业限制和经济补偿，当事人解除劳动合同时，除另有约定外，用人单位要求劳动者履行竞业限制义务，或者劳动者履行了竞业限制义务后要求用人单位支付经济补偿的，人民法院应予支持。

第八条 当事人在劳动合同或者保密协议中约定了竞业限制和经济补偿，劳动合同解除或者终止后，因用人单位的原因导致三个月未支付经济补偿，劳动者请求解除竞业限制约定的，人民法院应予支持。

第九条 在竞业限制期限内，用人单位请求解除竞业限制协议时，人民法院应予支持。

在解除竞业限制协议时，劳动者请求用人单位额外支付劳动者三个月的竞业限制经济补偿的，人民法院应予支持。

第十条 劳动者违反竞业限制约定，向用人单位支付违约金后，用人单位要求劳动者按照约定继续履行竞业限制义务的，人民法院应予支持。

第十一条 变更劳动合同未采用书面形式，但已经实际履行了口头变更的劳动合同超过一个月，且变更后的劳动合同内容不违反法律、行政法规、国家政策以及公序良俗，当事人以未采用书面形式为由主张劳动合同变更无效的，人民法院不予支持。

第十二条 建立了工会组织的用人单位解除劳动合同符合劳动合同法第三十九条、第四十条规定，但未按照劳动合同法第四十三条规定事先通知工会，劳动者以用人单位违法解除劳动合同为由请求用人单位支付赔偿金的，人民法院应予支持，但起诉前用人单位已经补正有关程序的除外。

第十三条 劳动合同法施行后，因用人单位经营期限届满不再继续经营导致劳动合同不能继续履行，劳动者请求用人单位支付经济补偿的，人民法院应予支持。

第十四条　外国人、无国籍人未依法取得就业证件即与中国境内的用人单位签订劳动合同，以及香港特别行政区、澳门特别行政区和台湾地区居民未依法取得就业证件即与内地用人单位签订劳动合同，当事人请求确认与用人单位存在劳动关系的，人民法院不予支持。

持有《外国专家证》并取得《外国专家来华工作许可证》的外国人，与中国境内的用人单位建立用工关系的，可以认定为劳动关系。

第十五条　本解释施行前本院颁布的有关司法解释与本解释抵触的，自本解释施行之日起不再适用。

本解释施行后尚未终审的劳动争议纠纷案件，适用本解释；本解释施行前已经终审，当事人申请再审或者按照审判监督程序决定再审的，不适用本解释。

工会参与劳动争议处理试行办法

（总工发〔1995〕12 号　1995 年 8 月 17 日）

第一章　总　则

第一条　为指导工会参与处理劳动争议，维护劳动者合法权益，协调劳动关系，促进企业发展，根据《中华人民共和国工会法》、《中华人民共和国劳动法》和《中华人民共和国企业劳动争议处理条例》，制定本办法。

第二条　本办法适用于工会参与处理下列劳动争议：

（一）因用人单位开除、除名、辞退职工和职工辞职、自动离职发生的争议；

（二）因履行、变更、解除劳动合同发生的争议；

（三）因签订或履行集体合同发生的争议；

（四）因执行国家有关工作时间和休息休假、工资、劳动安全卫生、女职工和未成年工特殊保护、职业培训、社会保险和福利的规定发生的争议；

（五）法律、法规规定的其他劳动争议。

第三条　工会参与处理劳动争议应当遵循下列原则：

（一）依据事实和法律，及时公正处理；

（二）当事人在适用法律上一律平等；

（三）预防为主、基层为主、调解为主；

（四）尊重当事人申请仲裁和诉讼的权利；

（五）坚持劳动争议处理的三方原则。

第四条　工会依法参加劳动争议协商、调解、仲裁工作。

职工因劳动权益受到侵犯向人民法院起诉的，工会应当给予支持和帮助。

第五条　参加劳动争议调解、仲裁工作的工会代表应当遵纪守法、公正廉洁，不得滥用职权、徇私舞弊、收受贿赂、泄露秘密和个人隐私。

第二章　参与劳动争议协商

第六条　劳动争议协商是指劳动争议双方当事人就协调劳动关系、解决劳动争议进行商谈的行为。

第七条　发生劳动争议，工会可以接受职工及用人单位请求参与协商，促进争议解决。

第八条　工会发现劳动争议，应主动参与协商，及时化解矛盾。

第九条　劳动争议双方当事人经协商达成协议的，工会应当督促其自觉履行。

第十条　劳动争议双方当事人不愿协商或协商不成的，工会可以告知当事人依法申请调解或仲裁。

第三章 主持劳动争议调解

第十一条 工会应当督促、帮助用人单位依法建立劳动争议调解委员会。

劳动争议调解委员会由职工代表、用人单位代表和工会代表组成。职工代表和工会代表的人数不得少于调解委员会成员总数的2/3；女职工人数较多的单位，调解委员会成员中应当有女职工代表。

工会代表担任劳动争议调解委员会主任，主持劳动争议调解委员会工作。

劳动争议调解委员会的办事机构设在用人单位工会。

第十二条 调解委员会主任的职责：

（一）对劳动争议调解委员会无法决定是否受理的调解申请，决定是否受理；

（二）决定调解委员的回避；

（三）及时指派调解委员调解简单劳动争议；

（四）主持调解委员会会议，确定调解方案；

（五）召集有调解委员、劳动争议双方当事人参加的调解会议，依法主持调解。

第十三条 工会代表担任劳动争议调解委员的职责：

（一）依法调解本单位劳动争议；

（二）保证当事人实现自愿调解、申请回避和申请仲裁的权利；

（三）自争议发生之日起30日内结束调解，到期未结束的视为调解不成，告知当事人可以申请仲裁；

（四）督促劳动争议双方当事人履行调解协议；

（五）及时做好调解文书及案卷的整理归档工作；

（六）做好劳动争议预防工作。

第十四条　工会应当做好劳动争议调解委员、劳动争议调解员的培训工作，提高劳动争议调解委员会调解的法律水平和工作能力。

第十五条　劳动争议调解委员调离本单位或需要调整时，由原推选单位或组织在30日内依法推举或指定人员补齐。调解委员调离或调整超过半数以上的，应按规定程序重新组建。

第十六条　上级工会指导下级工会的劳动争议调解工作。

劳动争议调解委员会接受劳动争议仲裁委员会的业务指导。

第十七条　工会可以在城镇和乡镇企业集中的地方设立区域性劳动争议调解指导委员会。区域性劳动争议调解指导委员会可以邀请劳动行政部门的代表和社会有关人士参加。

区域性劳动争议调解指导委员会名单报上级地方总工会和劳动争议仲裁委员会备案。

第十八条　区域性劳动争议调解指导委员会指导本区域内劳动争议调解委员会的调解工作，并调解未设调解组织的用人单位的劳动争议。

第四章 参加劳动争议仲裁

第十九条 劳动争议仲裁委员会中工会代表的职责：

（一）担任劳动争议仲裁委员会副主任和委员，参与处理本委员会管辖范围内的劳动争议案件；

（二）按时参加仲裁委员会会议，遇特殊情况不能到会的，应出具委托书，委托本组织其他人员出席会议；

（三）对仲裁裁决意见依法行使表决权；

（四）参与研究处理有重大影响的案件和仲裁庭提交的重大疑难案件，参与审查、批准案情复杂，需要延期处理的案件；

（五）对应当受理未予受理的案件，有权提请仲裁委员会依法受理；

（六）对已经发生法律效力的仲裁裁决发现确有错误、需要重新处理的，应当要求仲裁委员会主任提交仲裁委员会重新处理；

（七）对受理的集体劳动争议及本地区有影响的个人劳动争议案件，及时向本级及上级工会书面报告。

第二十条 工会工作者依法取得仲裁员资格，由劳动争议仲裁委员会聘为兼职仲裁员的，所在单位应支持其参加劳动争议仲裁活动。

第二十一条 工会工作者担任兼职仲裁员，在执行仲裁公务时与专职仲裁员享有同等权利。

第二十二条 工会工作者担任兼职仲裁员，应当认真履行《劳动争议仲裁委员会组织规则》规定的仲裁员职责。

第五章　代理职工参与诉讼

第二十三条　县和县以上各级工会组织可以建立法律咨询服务机构，为保护职工和工会组织的合法权益提供服务。

第二十四条　工会法律服务机构可以接受职工当事人的委托，代理职工参与劳动争议诉讼。

工会法律服务机构接受职工当事人的代理申请后，应当指派代理人，指派的代理人应征得委托人同意。

第二十五条　工会法律服务机构代理职工参与诉讼，应当由委托人向仲裁委员会或人民法院提交由委托人签名或盖章的授权委托书。

第六章　参与处理集体劳动争议

第二十六条　发生集体劳动争议，用人单位工会应当及时向上级工会报告，依法参与处理。

工会参与处理集体劳动争议，应积极反映职工的正当要求，维护职工合法权益。

第二十七条　因集体劳动争议导致停工、怠工的，工会应当及时与有关方面协商解决，协商不成的，按集体劳动争议处理程序解决。

第二十八条　因签订和履行集体合同发生争议，用人单位工会可以就解决争议问题与用人单位平等协商。

第二十九条　因签订集体合同发生争议，当事人双方协商解决不成的，用人单位工会应当提请上级工会协同政府劳动行政部门协调处理。

第三十条 因履行集体合同发生争议，当事人双方协商解决不成的，可以向劳动争议仲裁委员会申请仲裁；对仲裁裁决不服的，可以自收到仲裁裁决书之日起 15 日内向人民法院提起诉讼。上级工会依法律法规的规定及本办法参与处理。

图书在版编目（CIP）数据

劳动争议处理流程图示与范例 / 劳动争议处理流程图示与范例（第2版）编写组编. —2版. —北京：中国工人出版社，2020.10
（工会工作实务操作流程丛书）
ISBN 978-7-5008-7505-5

Ⅰ. ①劳… Ⅱ. ①劳… Ⅲ. ①劳动争议－仲裁－基本知识－中国
Ⅳ. ①D922.591.4

中国版本图书馆CIP数据核字（2020）第202275号

劳动争议处理流程图示与范例（第2版）

出 版 人	王娇萍
责任编辑	安　静　周子欣　王璇　王淇
责任印制	栾征宇
出版发行	中国工人出版社
地　　址	北京市东城区鼓楼外大街45号　邮编：100120
网　　址	http://www.wp-china.com
电　　话	（010）62005043（总编室） （010）62005039（印制管理中心） （010）82075935（工会与劳动关系分社）
发行热线	（010）62005996　82029051
经　　销	各地书店
印　　刷	北京市密东印刷有限公司
开　　本	880毫米×1230毫米　1/32
印　　张	5.125
字　　数	110千字
版　　次	2021年2月第2版　2024年6月第6次印刷
定　　价	28.00元